# L'Ós Policia

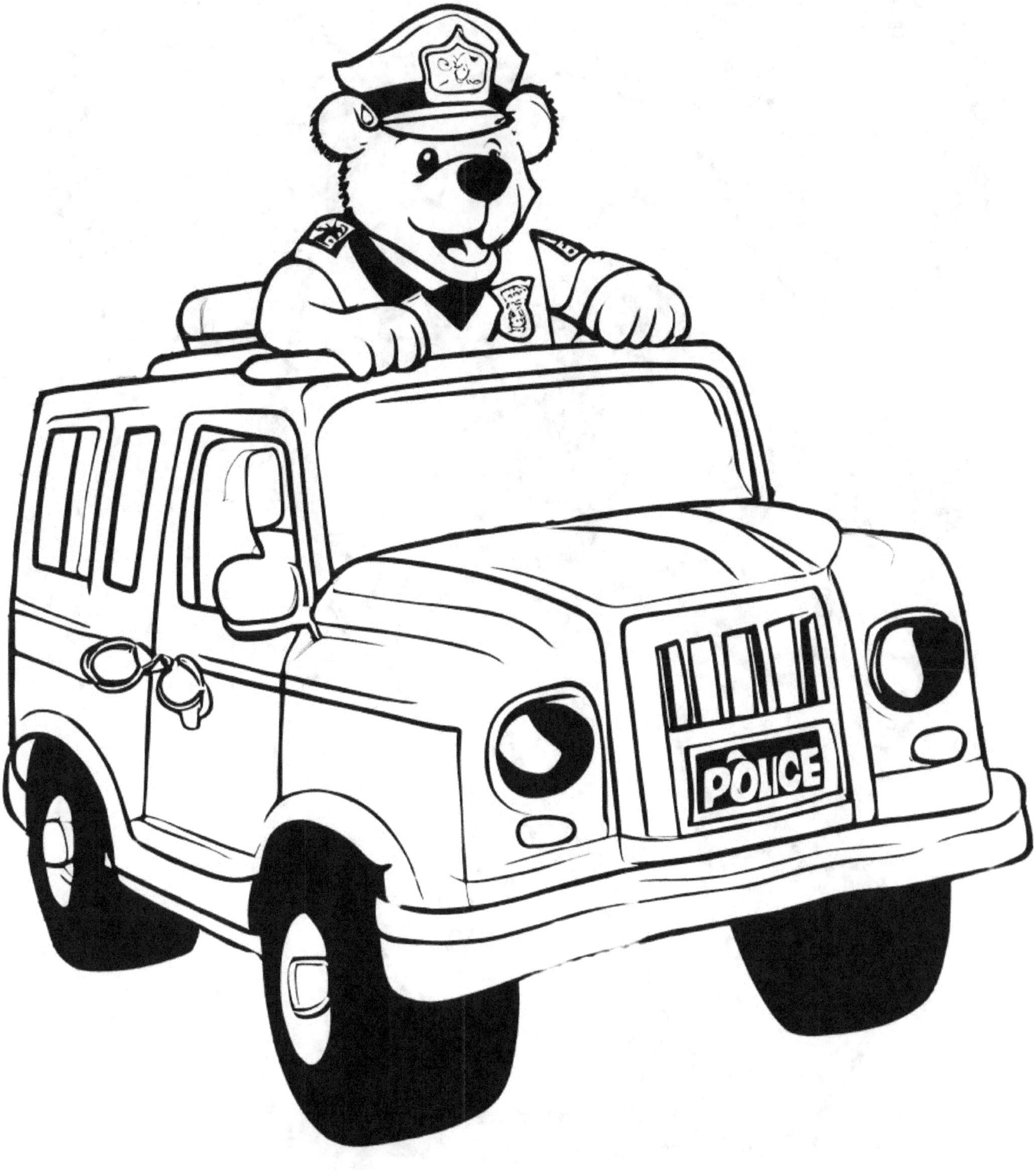

# LA KOALA CANTANT

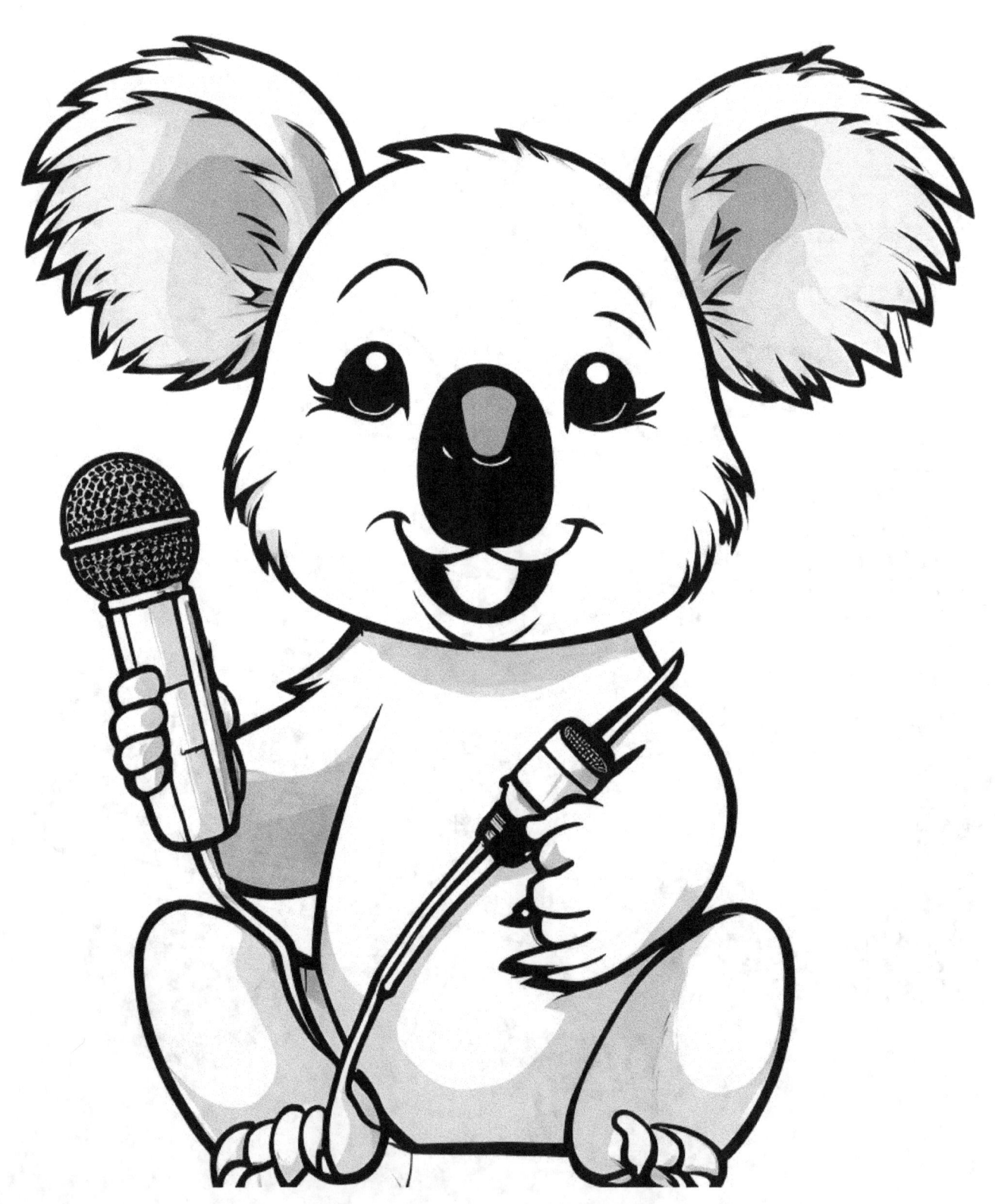

# EL CONILL CUINER

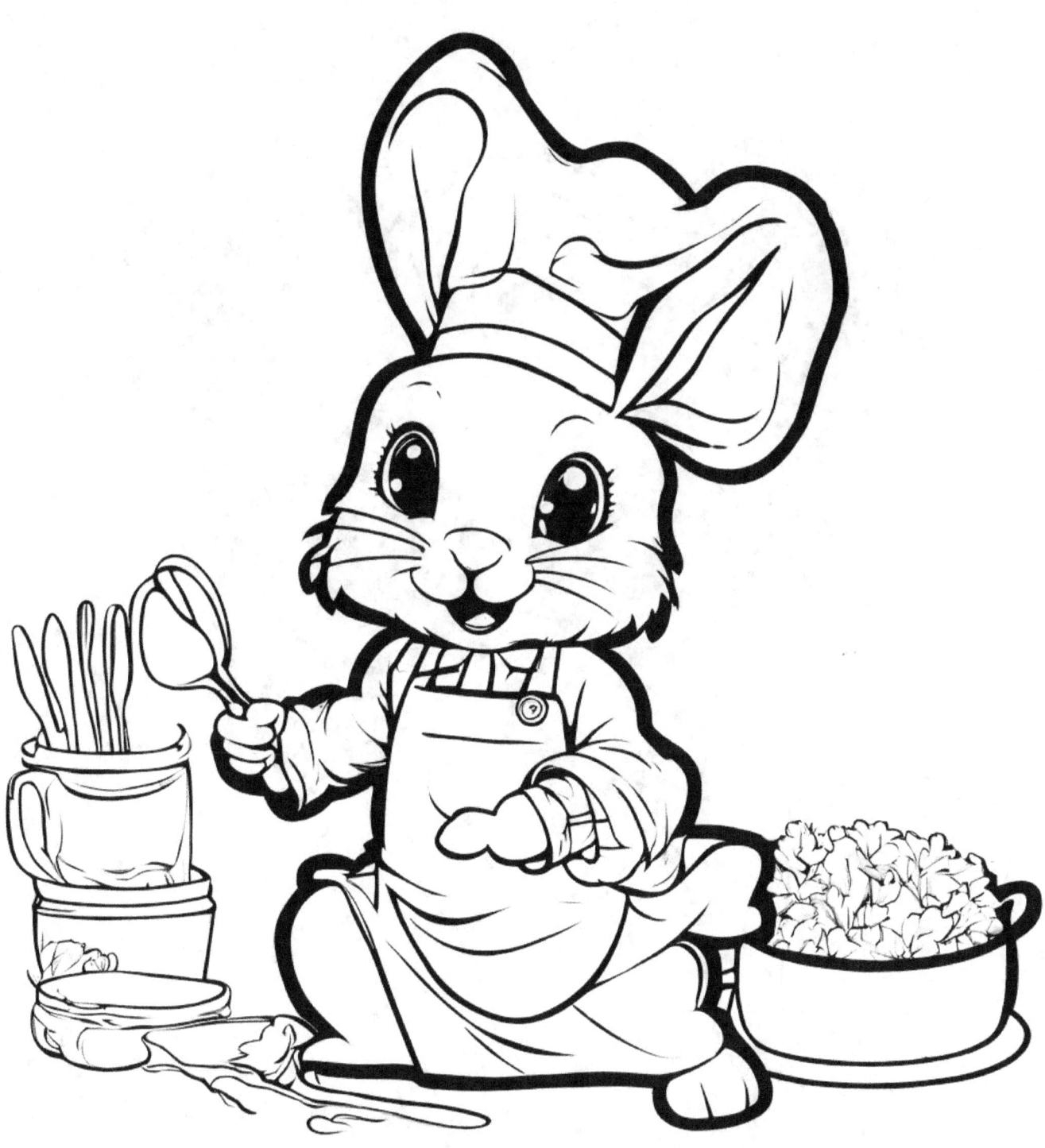

# EL TIGRE DOCTOR

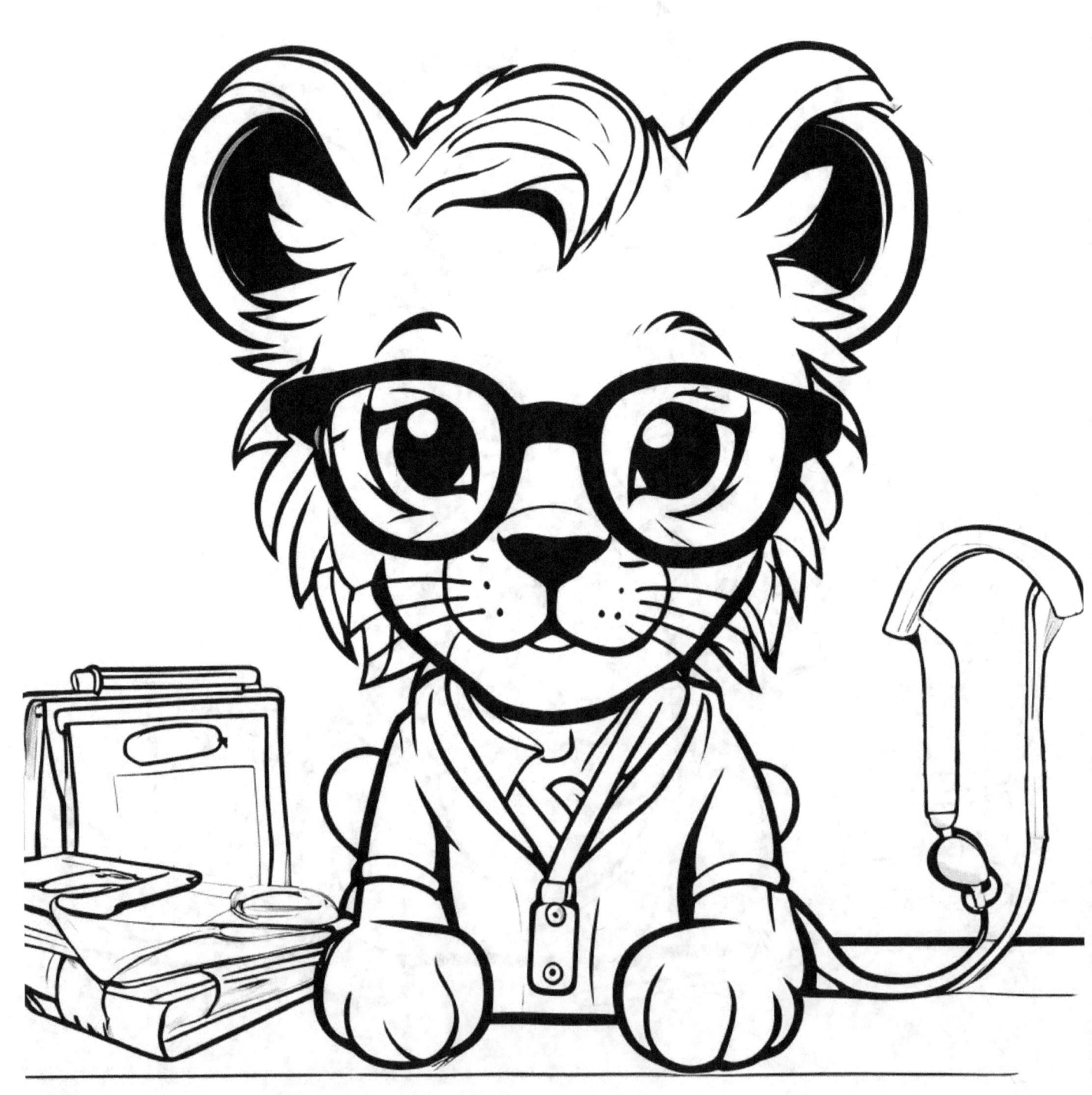

# EL PINGÜÍ PINTOR

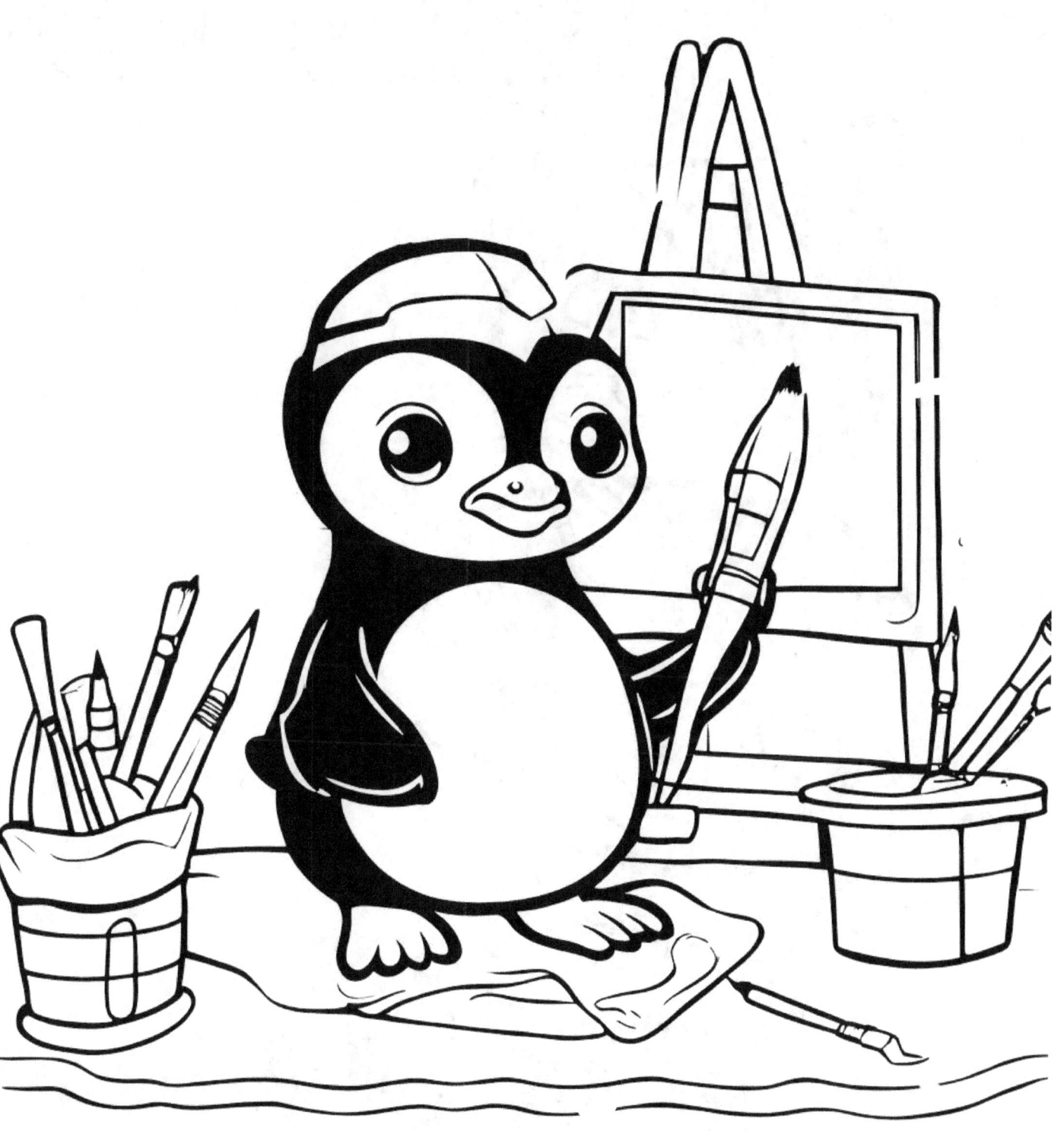

# EL GAT FUTBOLISTA

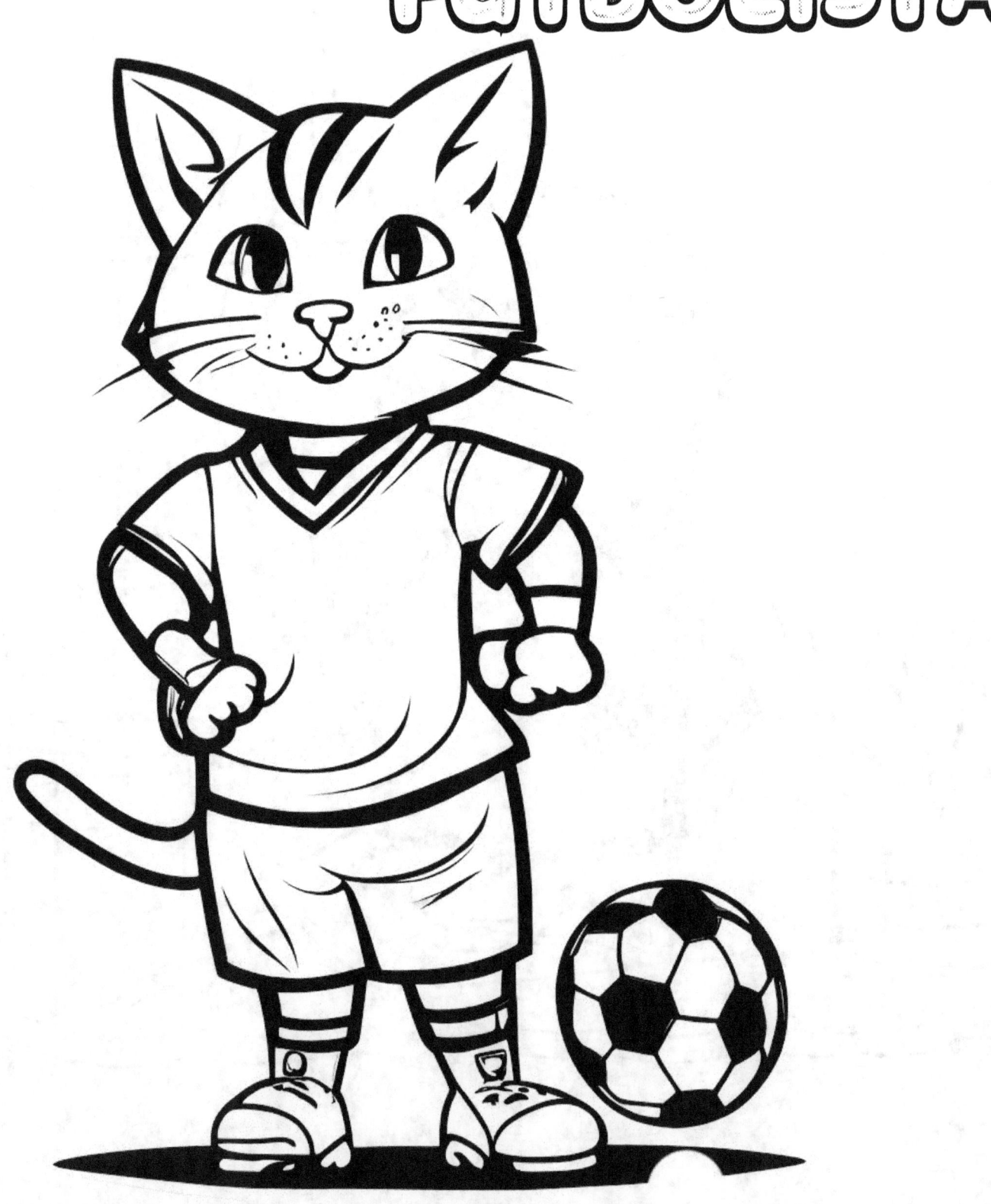

# EL LLEÓ GUITARRISTA

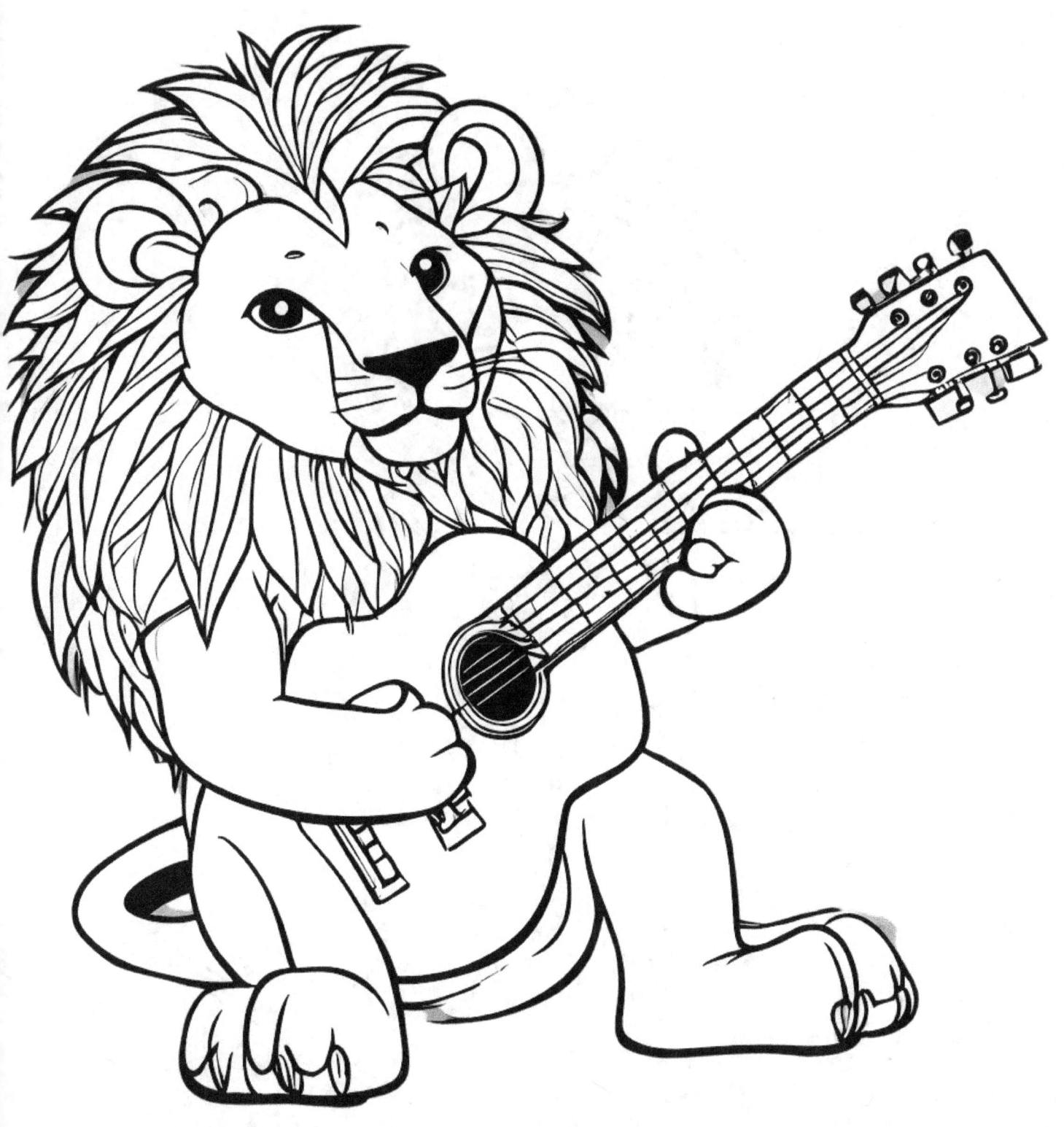

# EL GOS VETERINARI

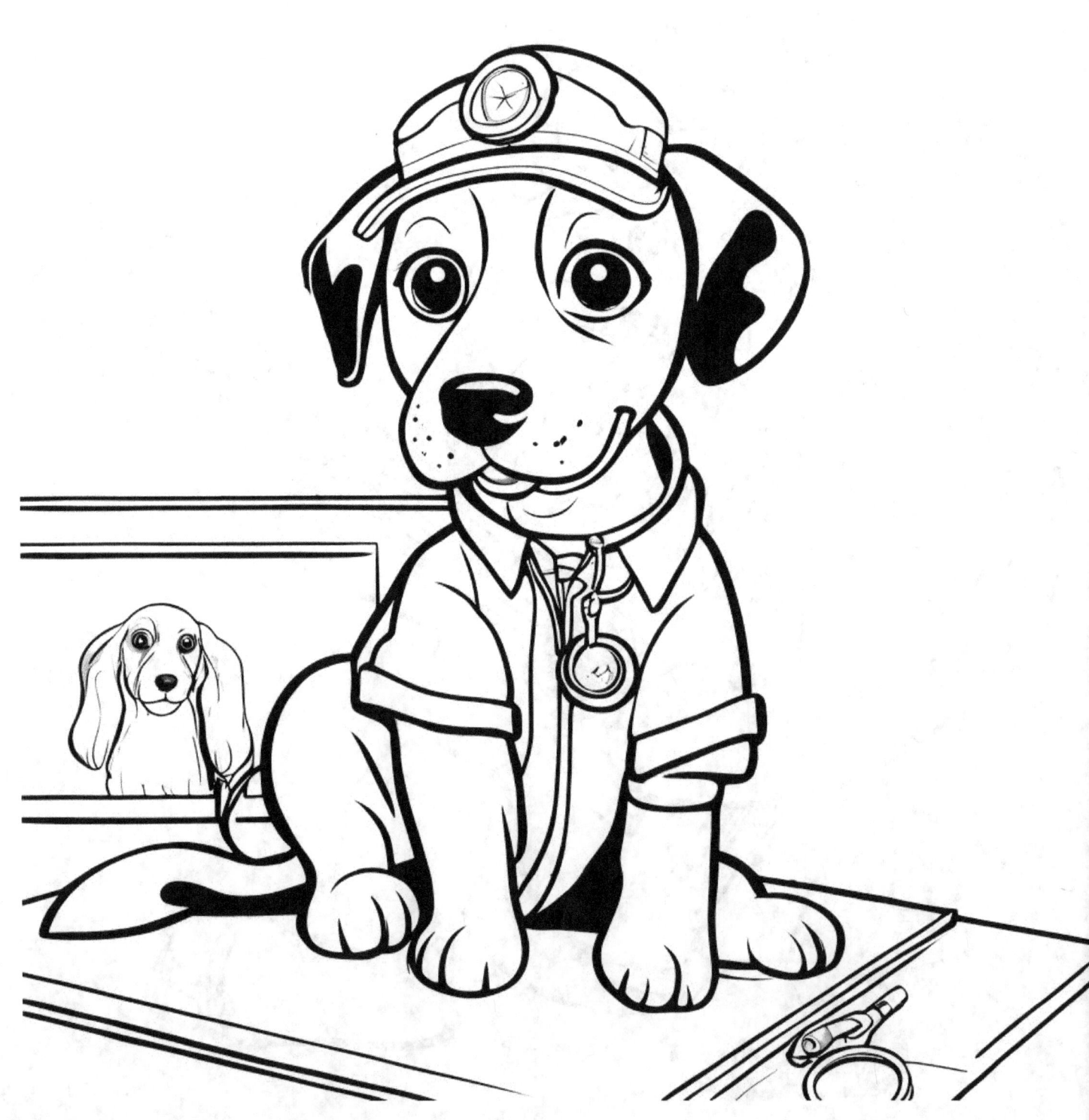

# EL RATOLÍ JARDINER

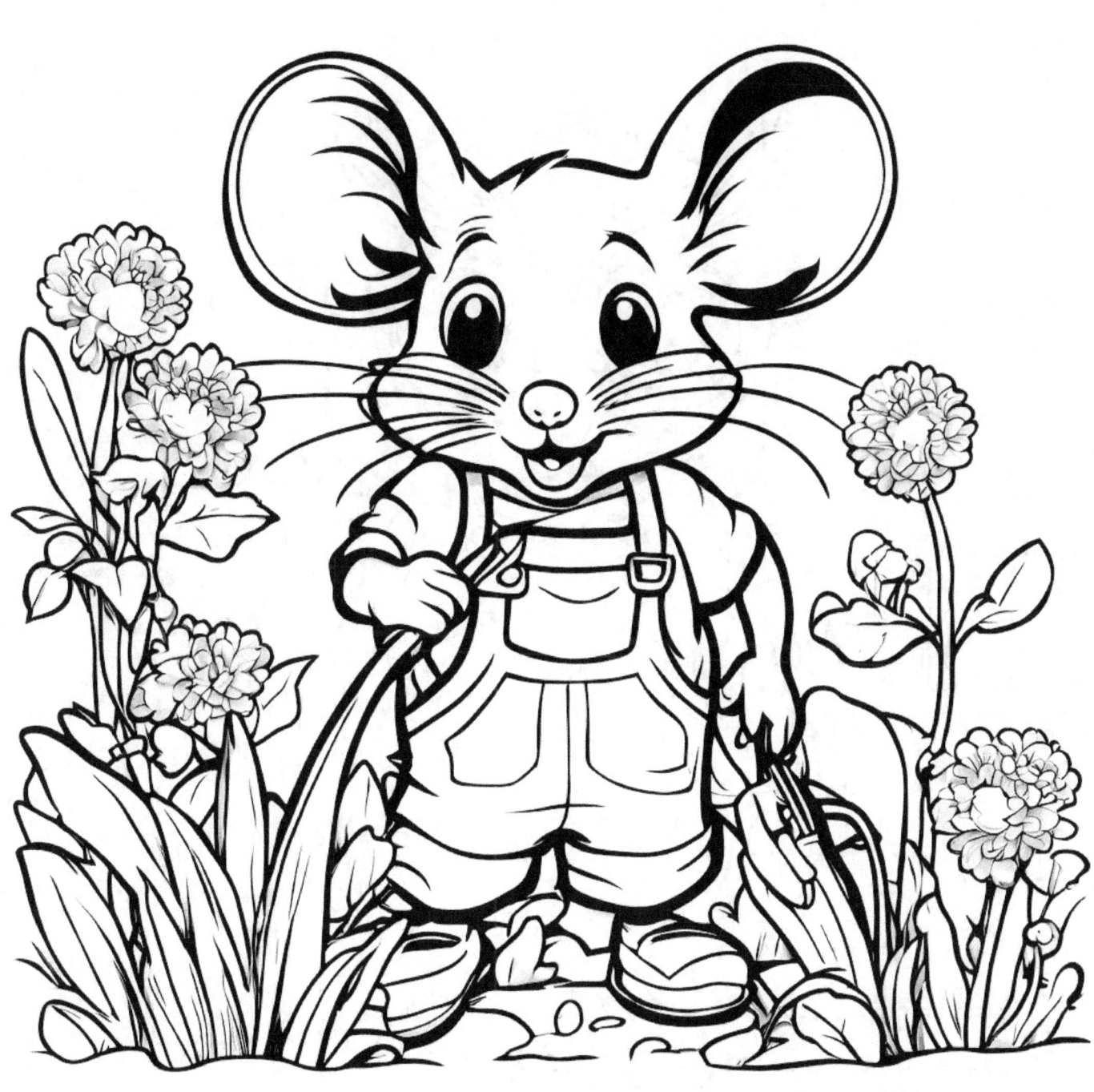

# EL MUSSOL

# BIBLIOTECARI

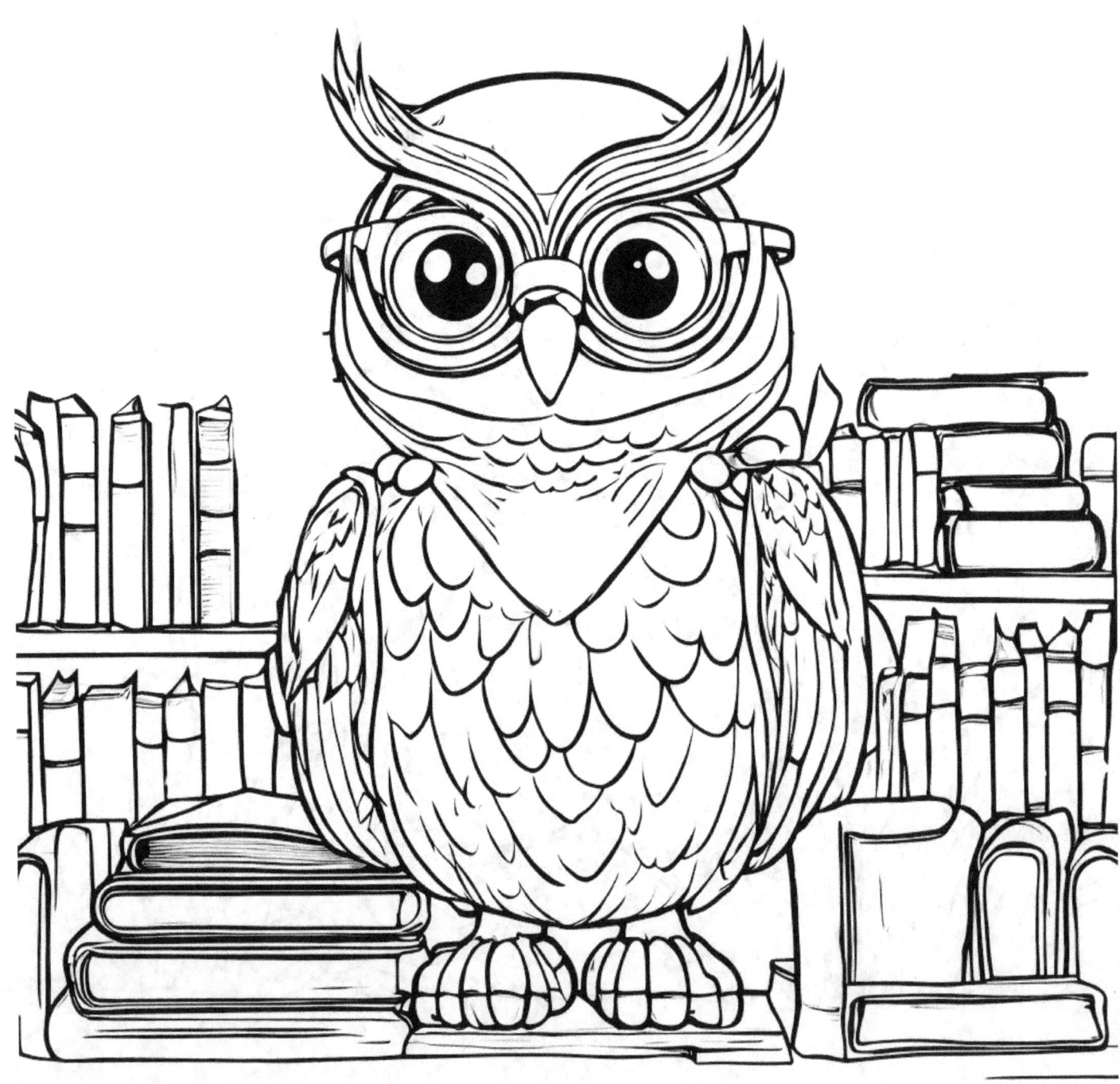

# L'ESQUIROL PASTISSER

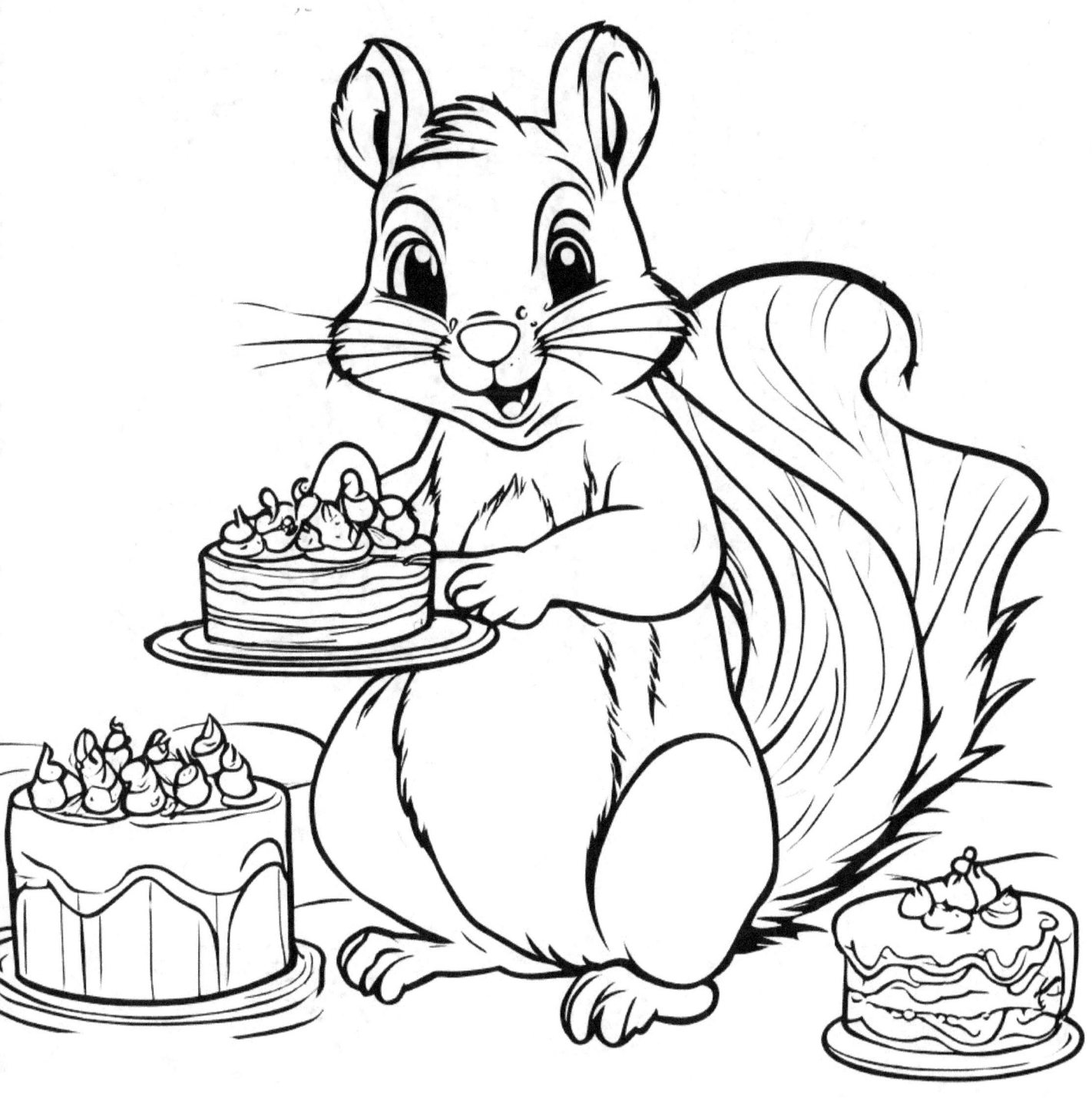

# L'ÓS BOMBER

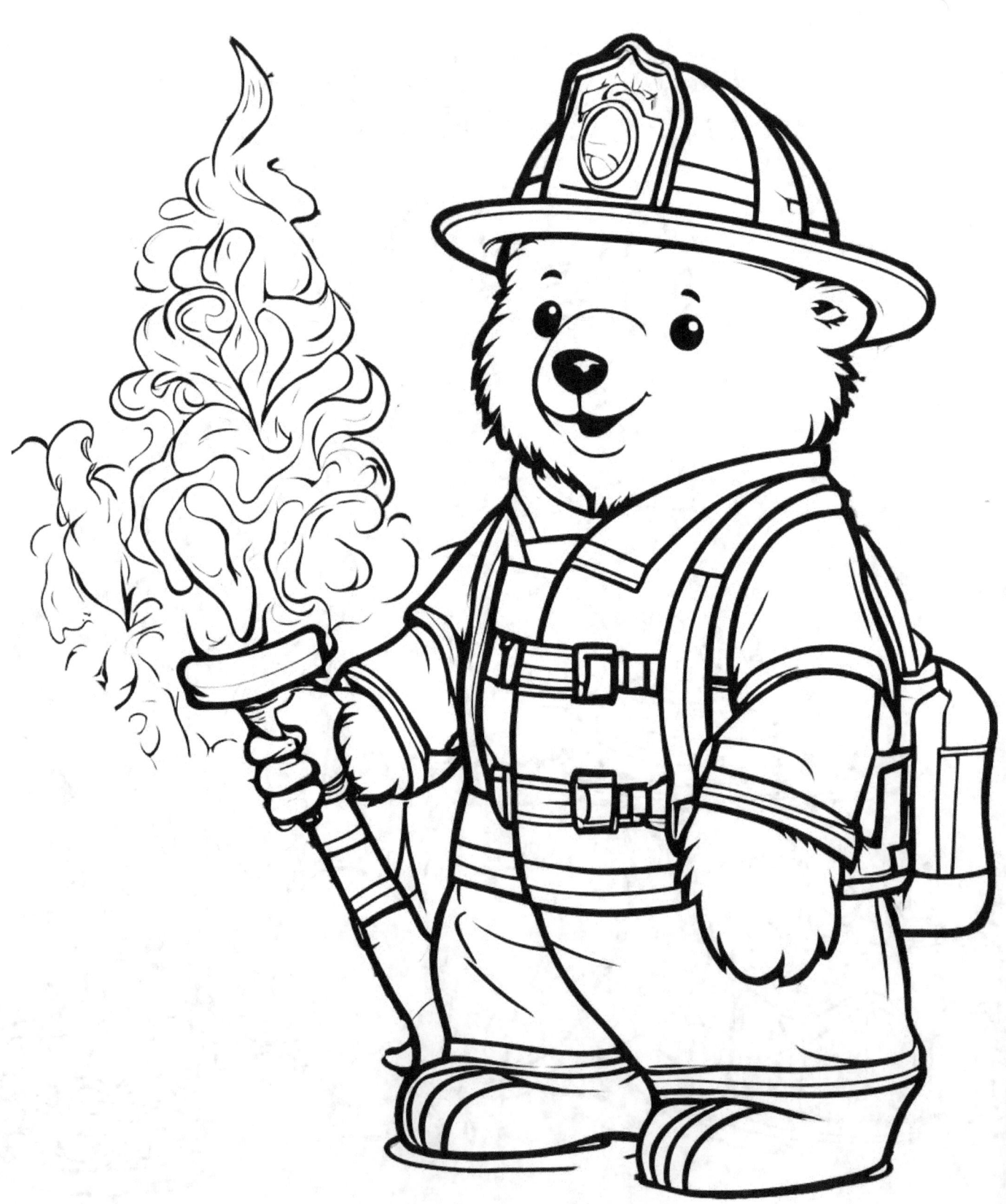

# EL MONO VIGILANT

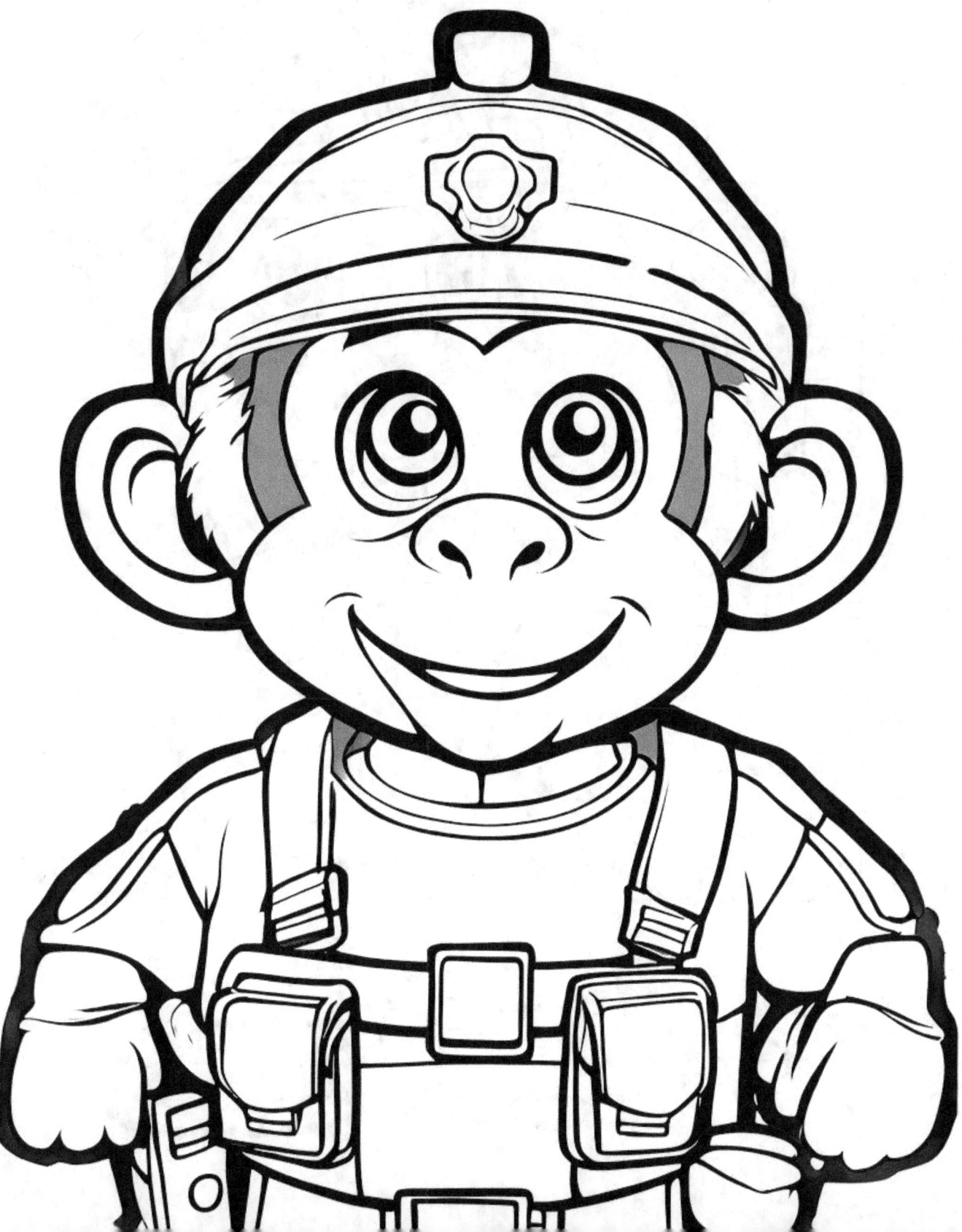

# EL TIGRE OBRER

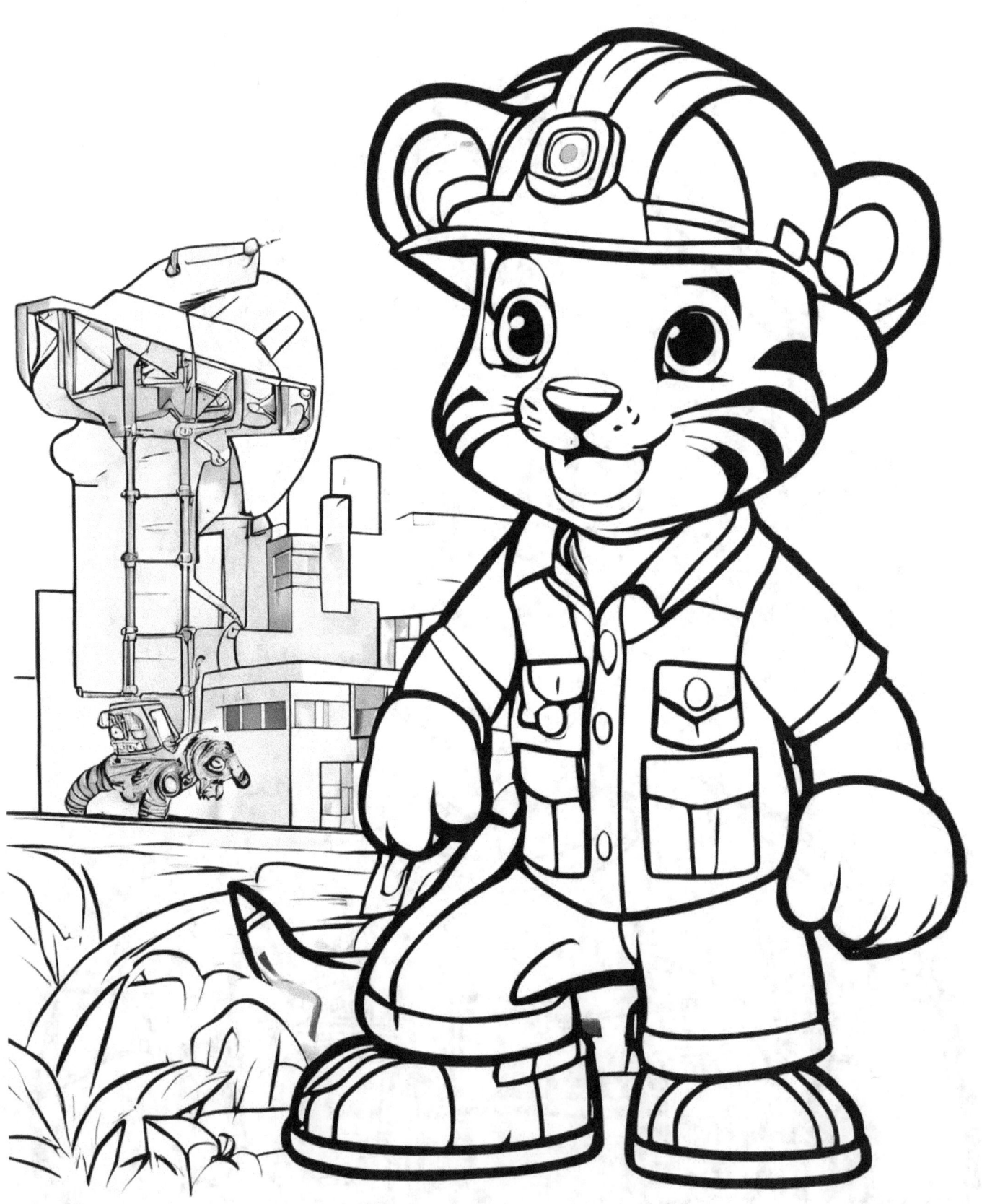

# LA GATA INFERMERA

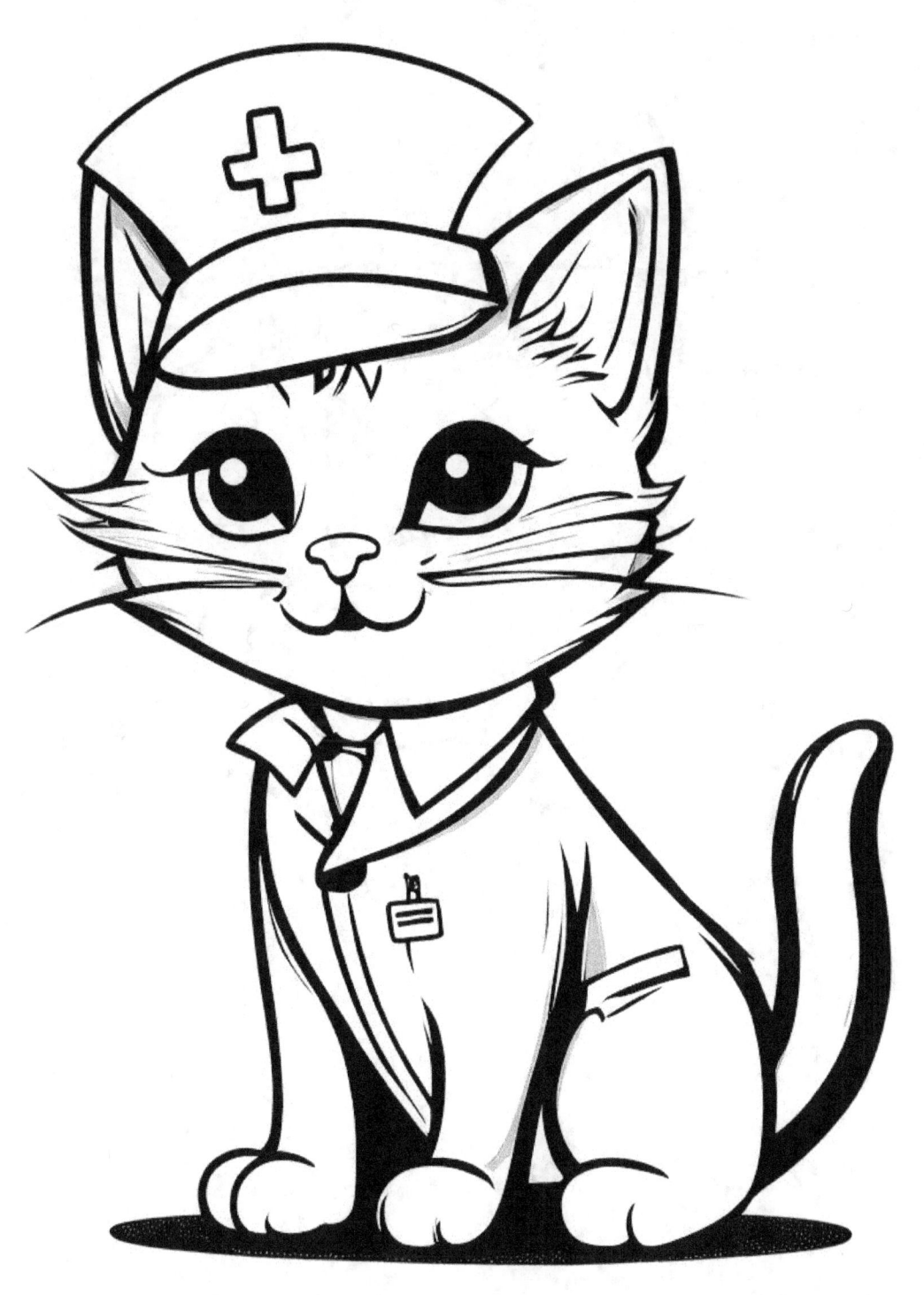

# EL CASTOR ARQUITECTE

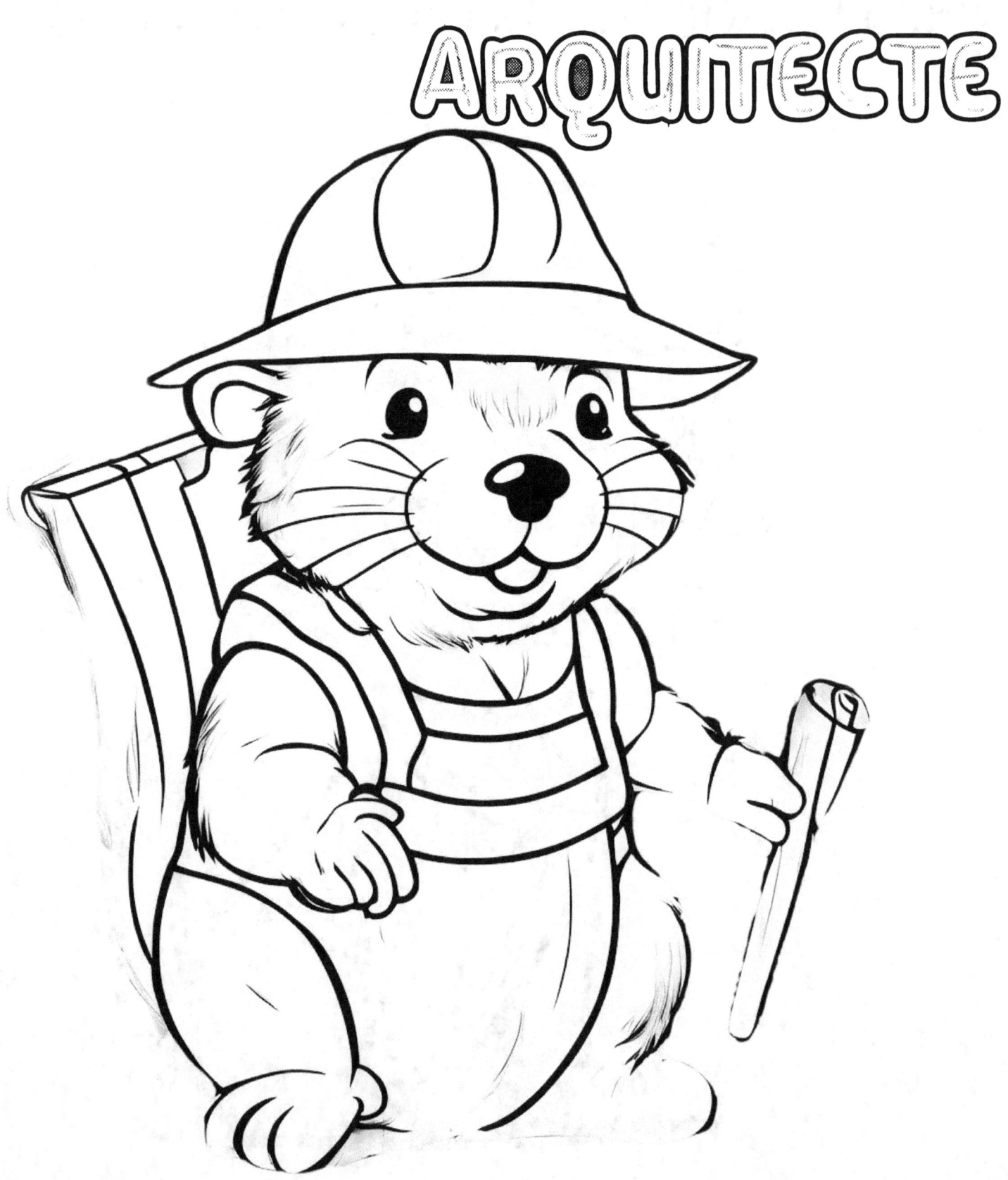

# L'ESQUIROL ESCRIPTOR

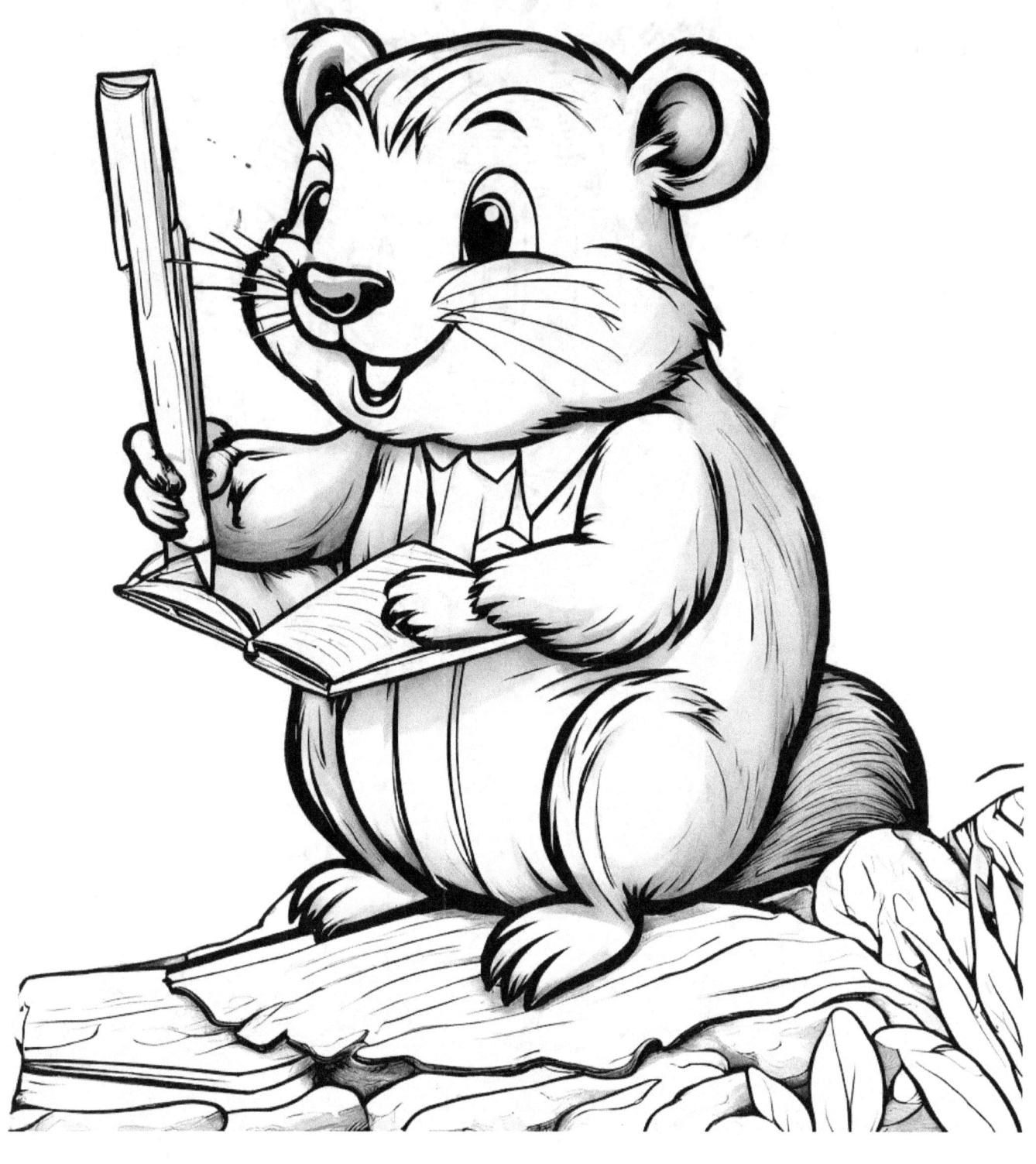

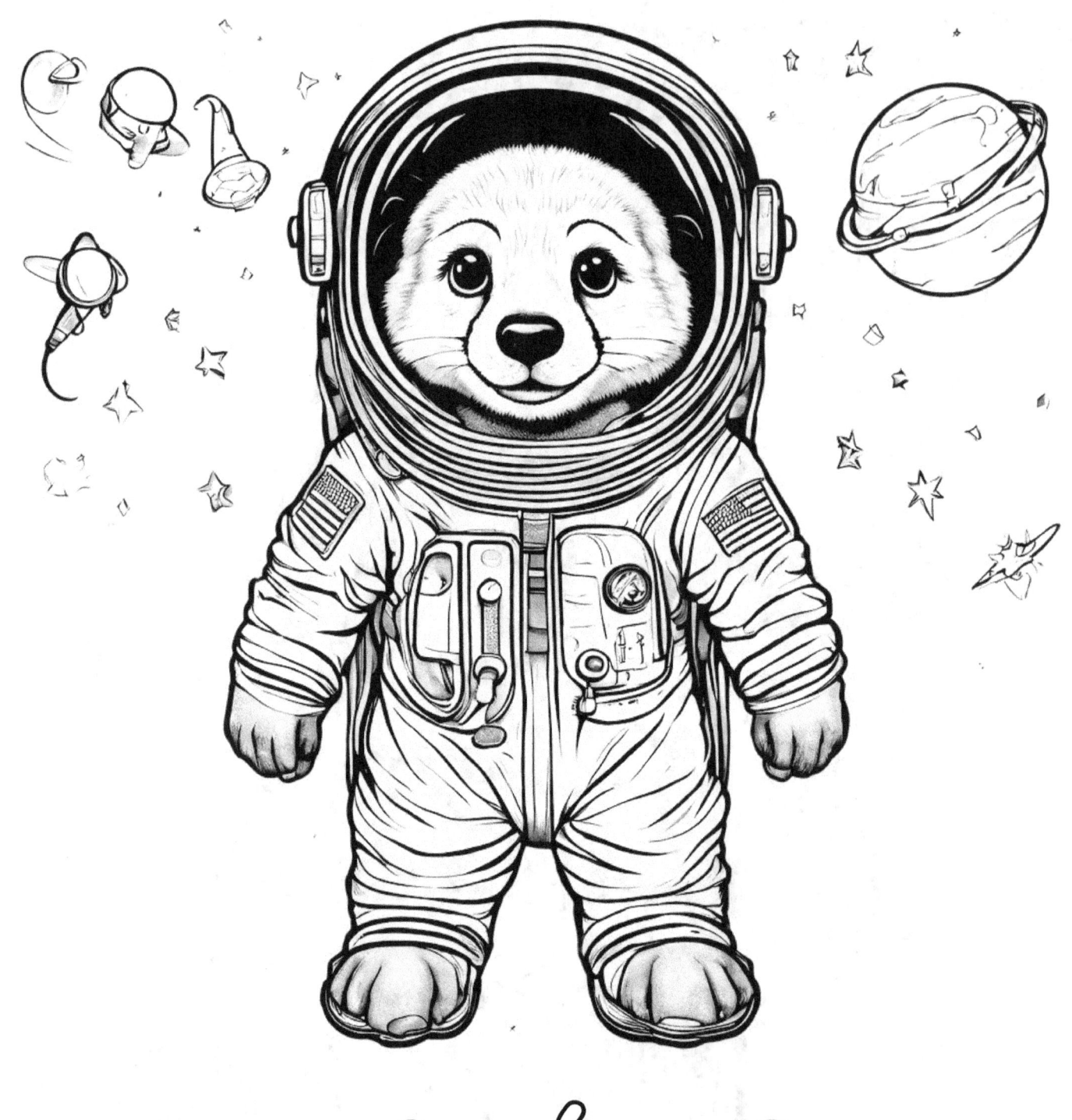

LA NÚTRIA

ASTRONAUTA

# LA CANGUR FOTÒGRAFA

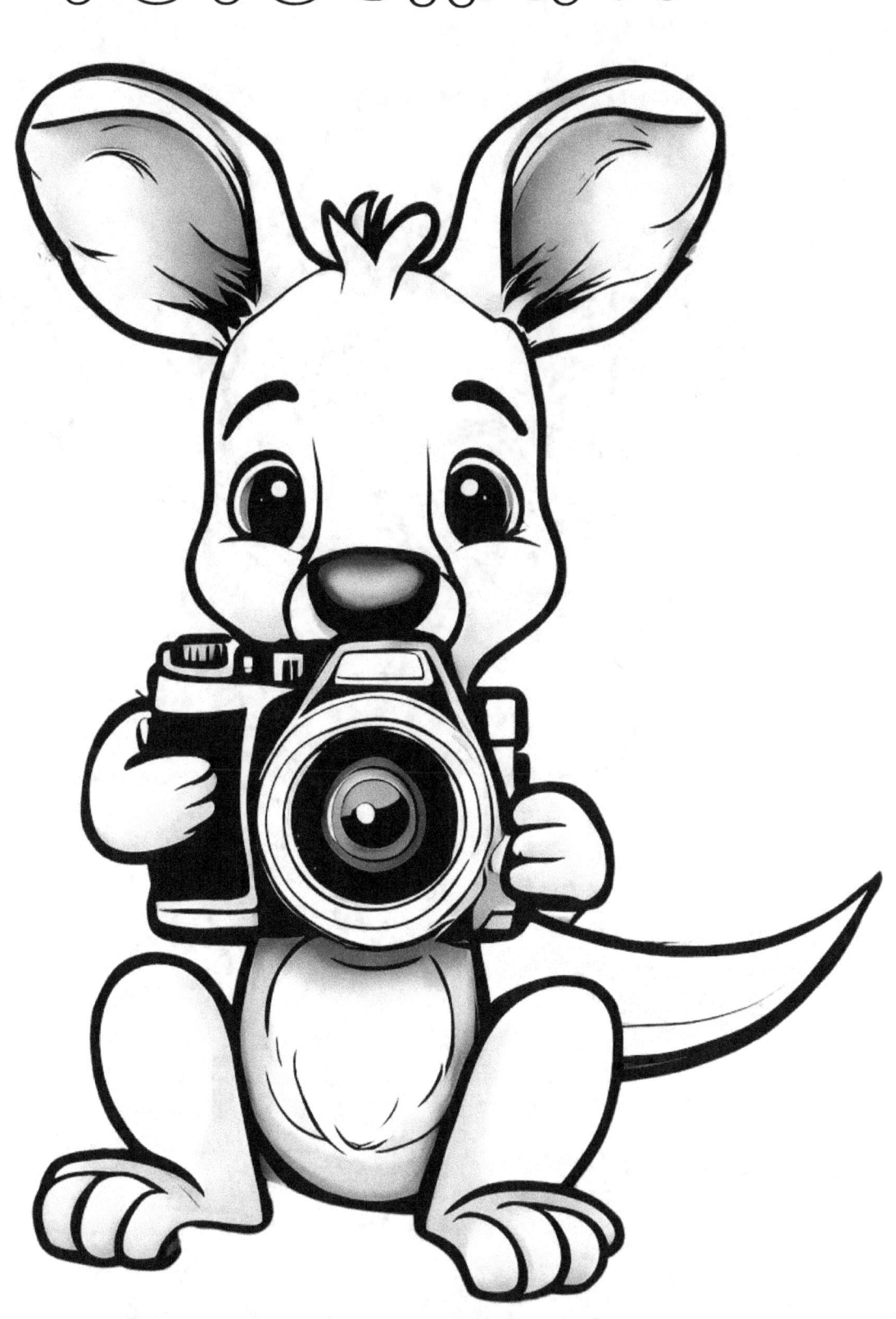

# L'ÀNEC PINTOR

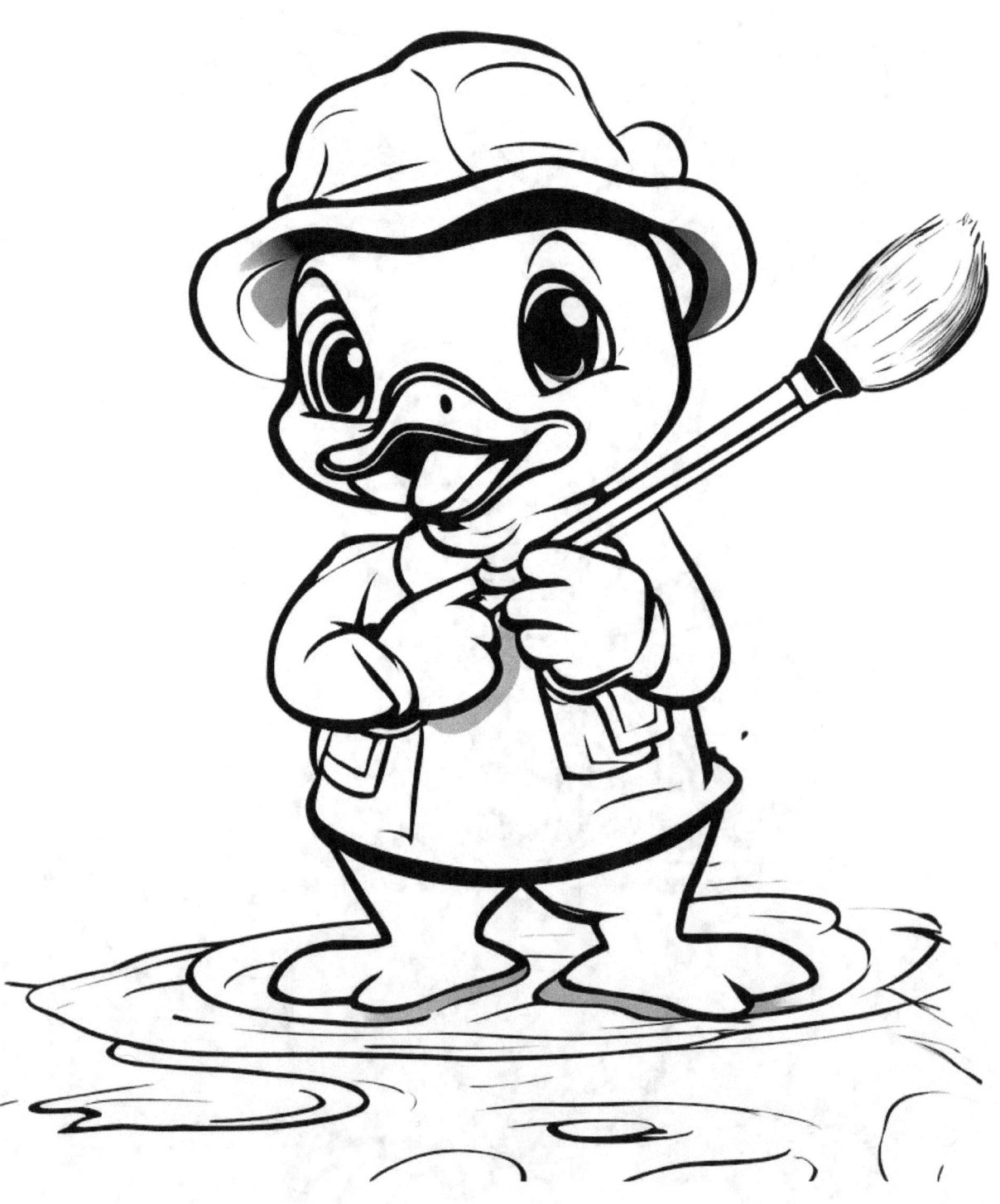

# L'ÓS CAMBRER

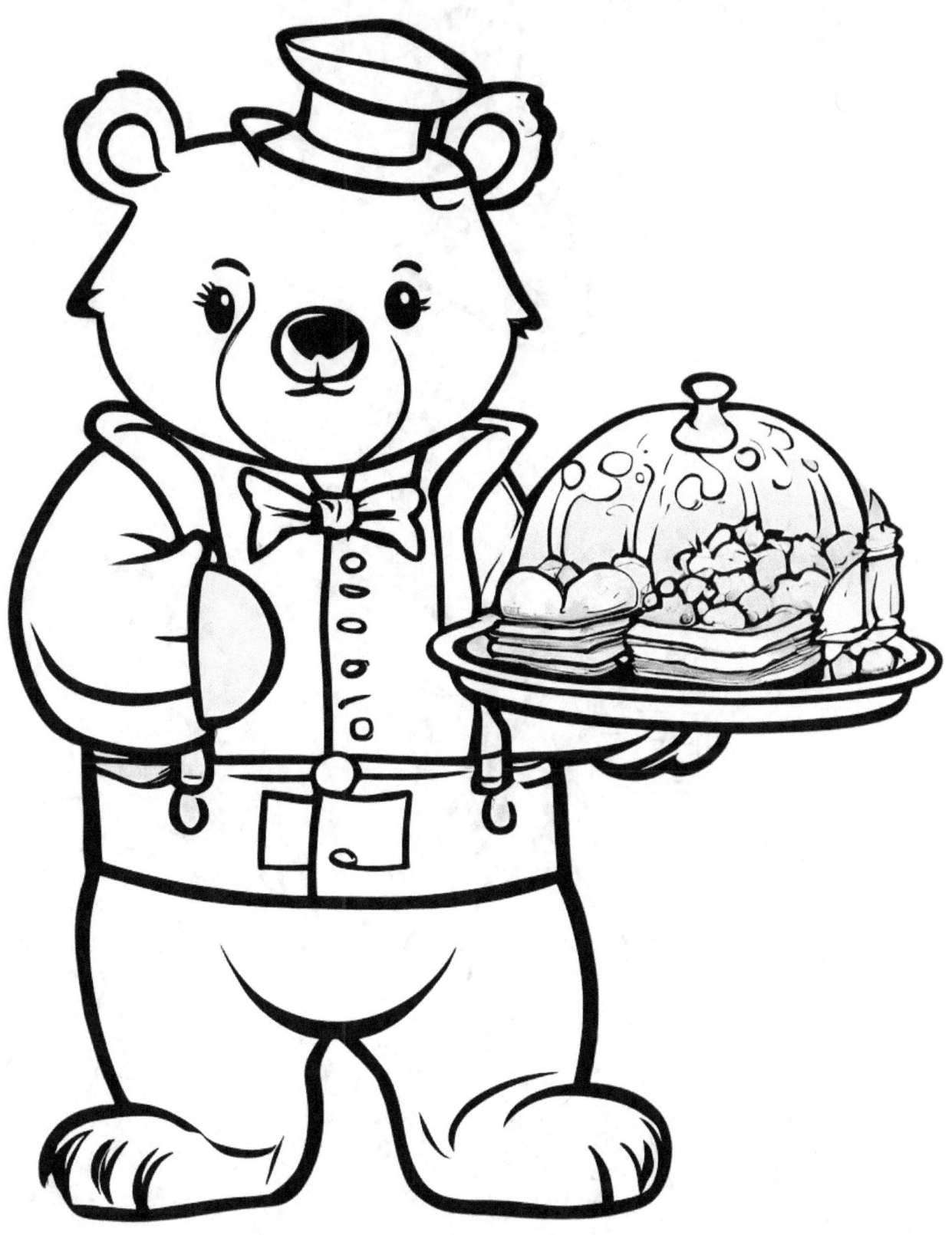

# LA GIRAFA CICLISTA

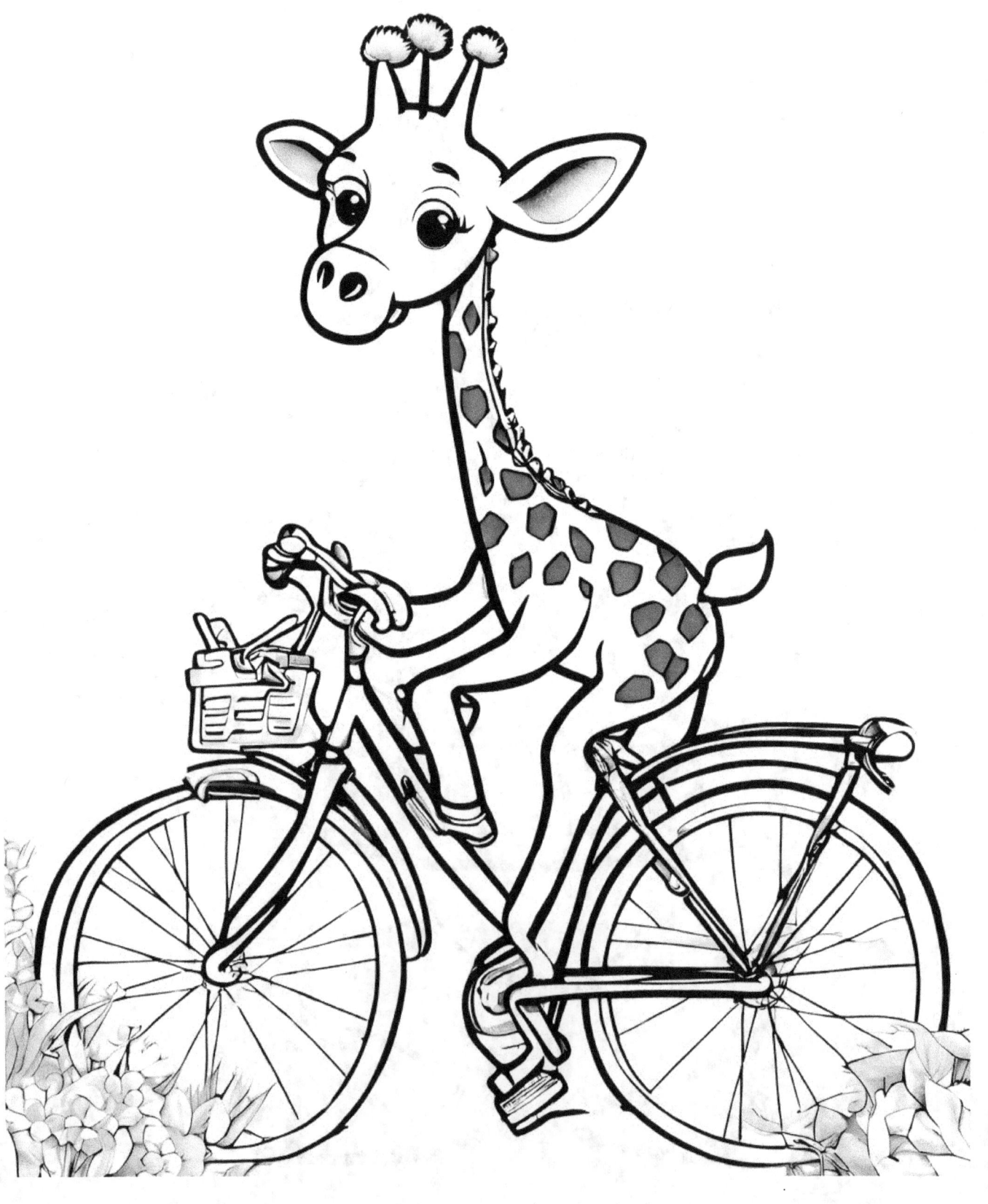

# EL GAT MARINER

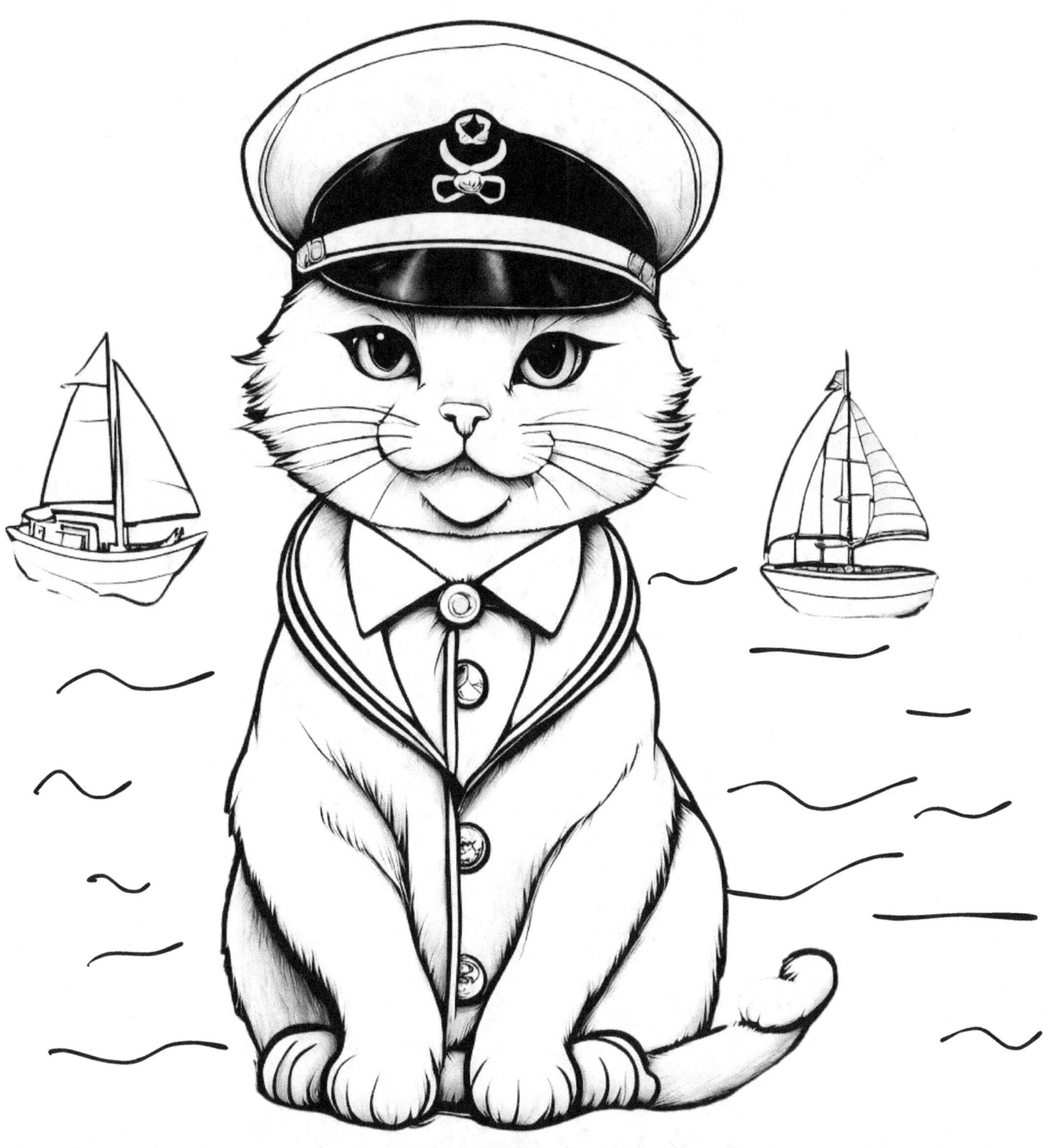

# EL GOS PROFESSOR

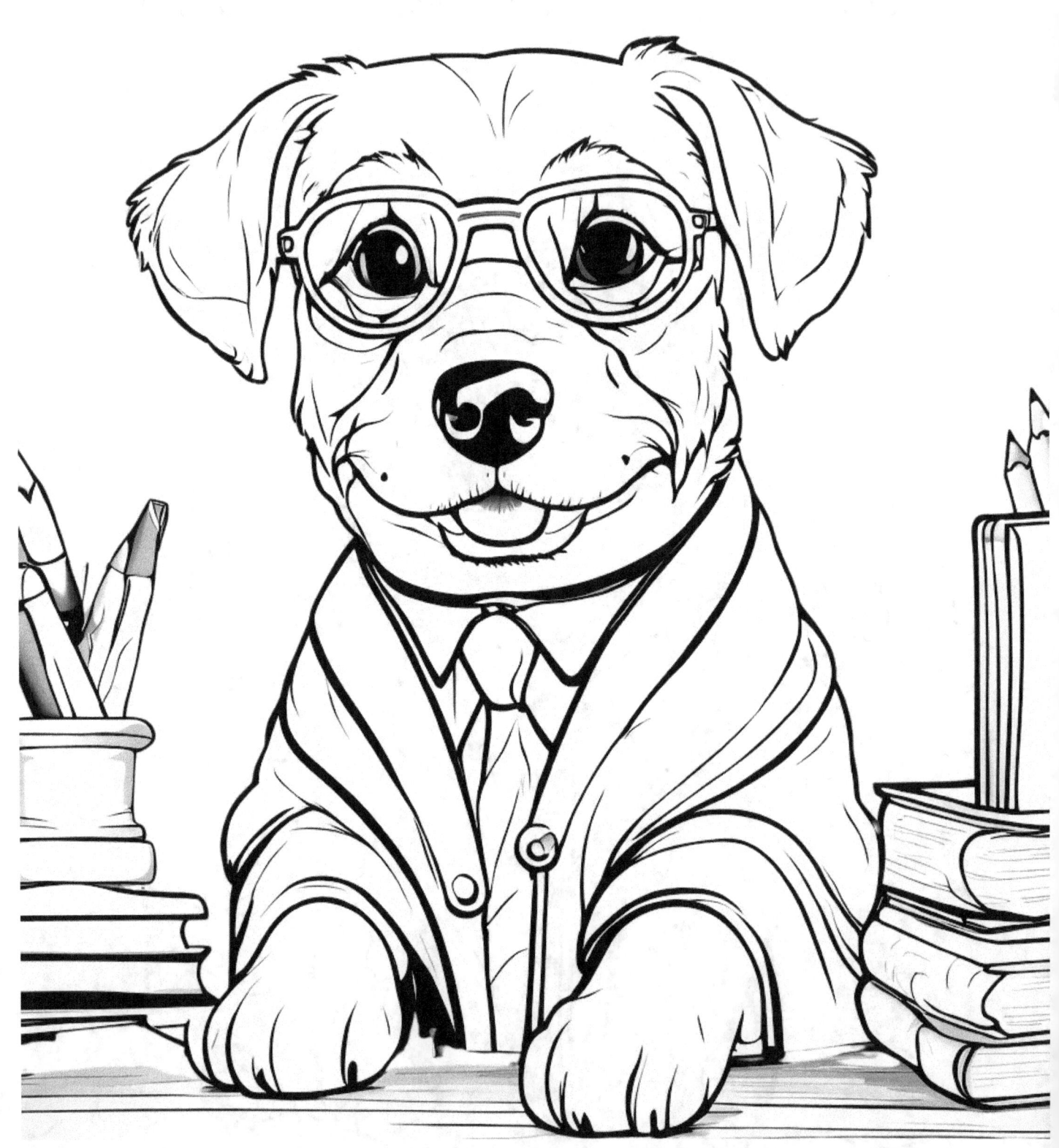

# EL KOALA BOMBER

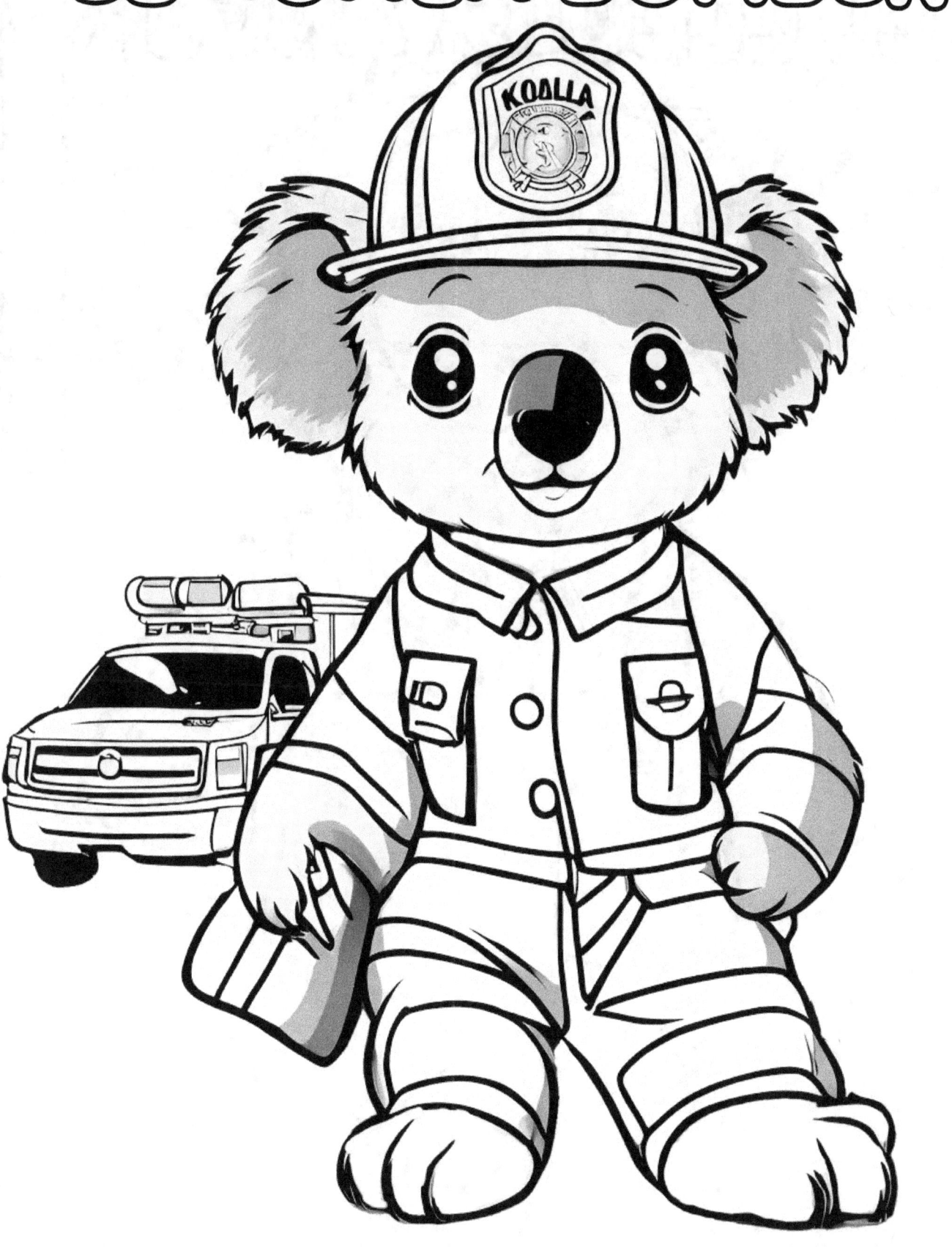

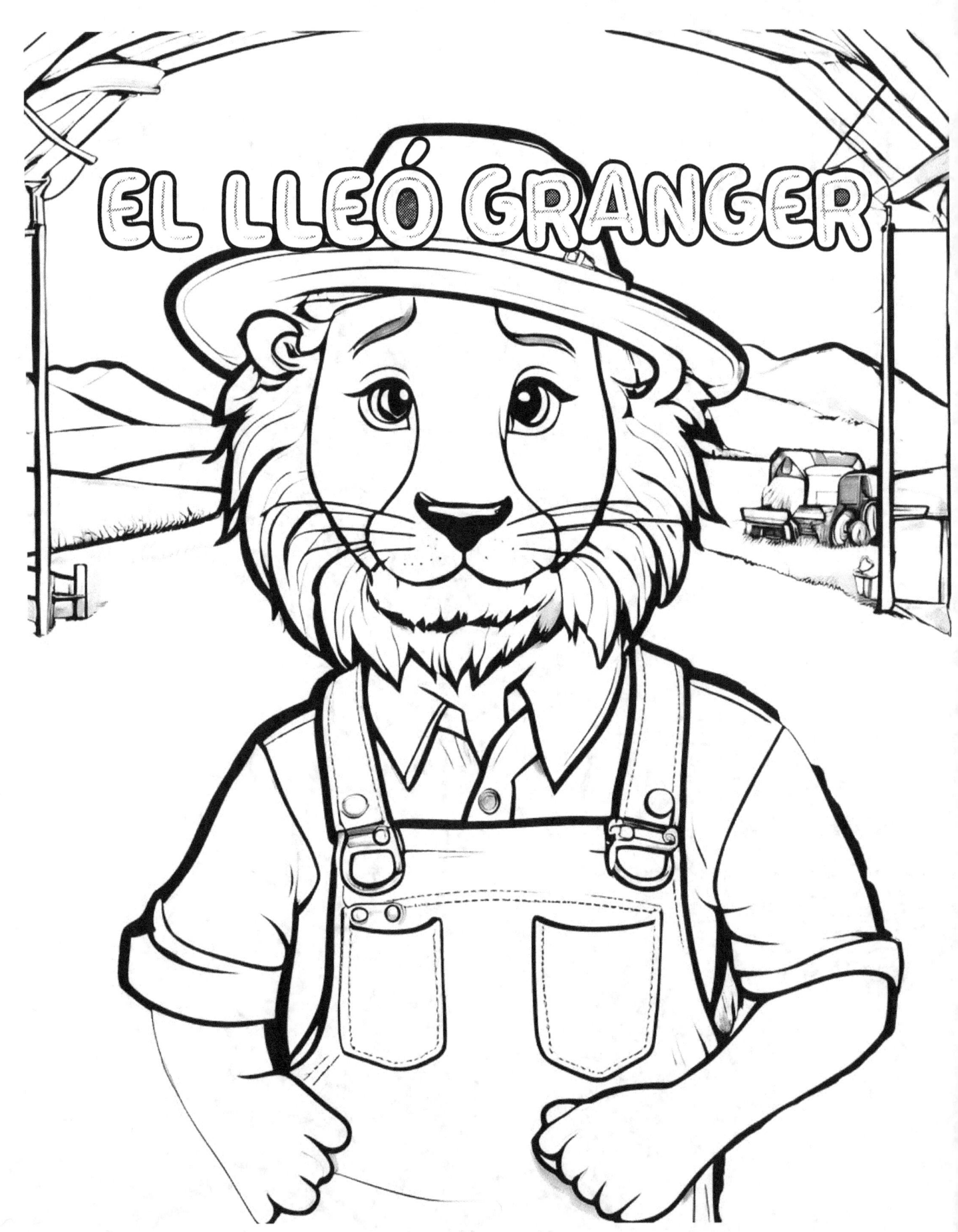

# EL HÀMSTER QUÍMIC

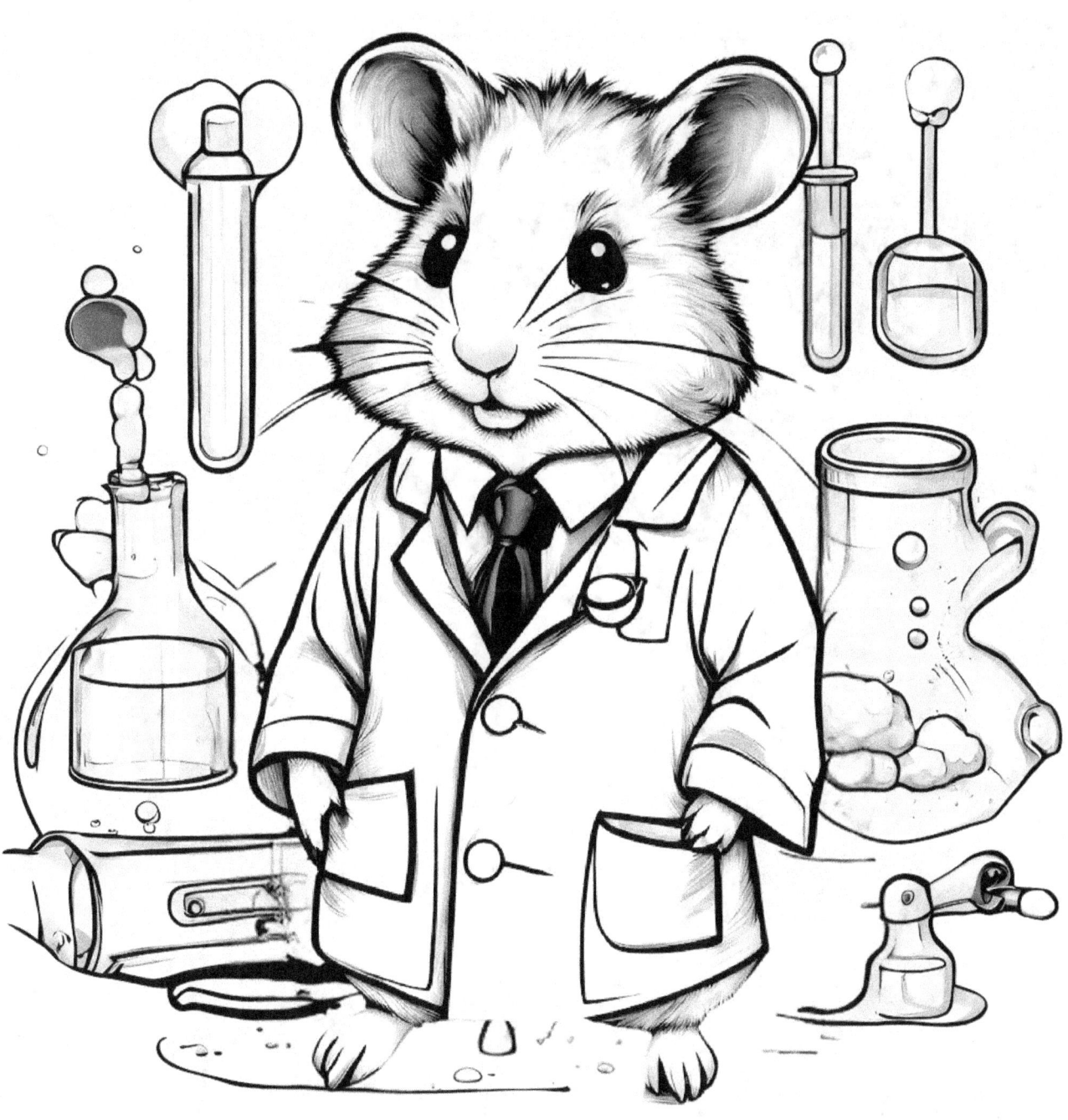

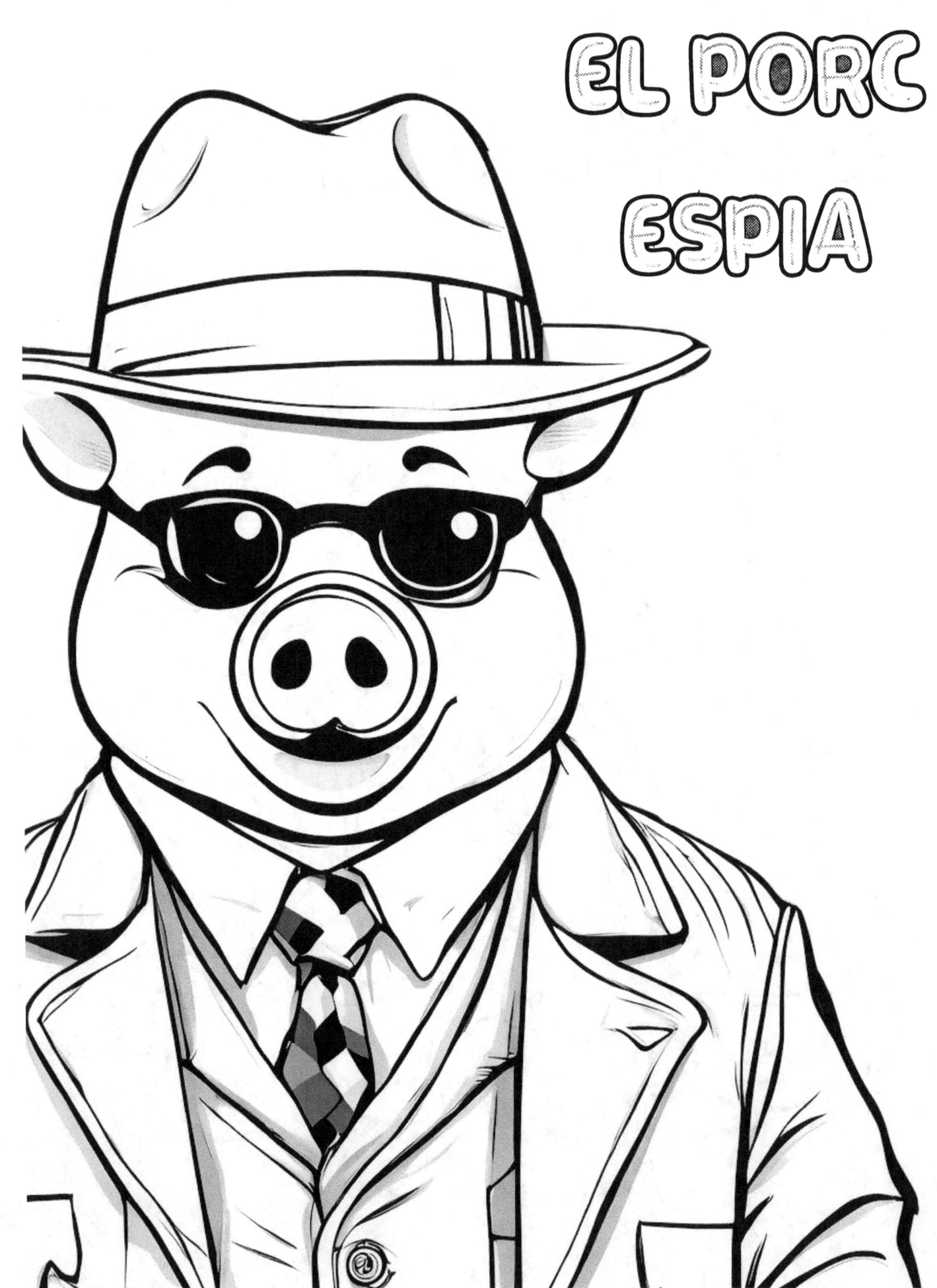

EL PORC ESPIA

# EL HÀMSTER PALETA

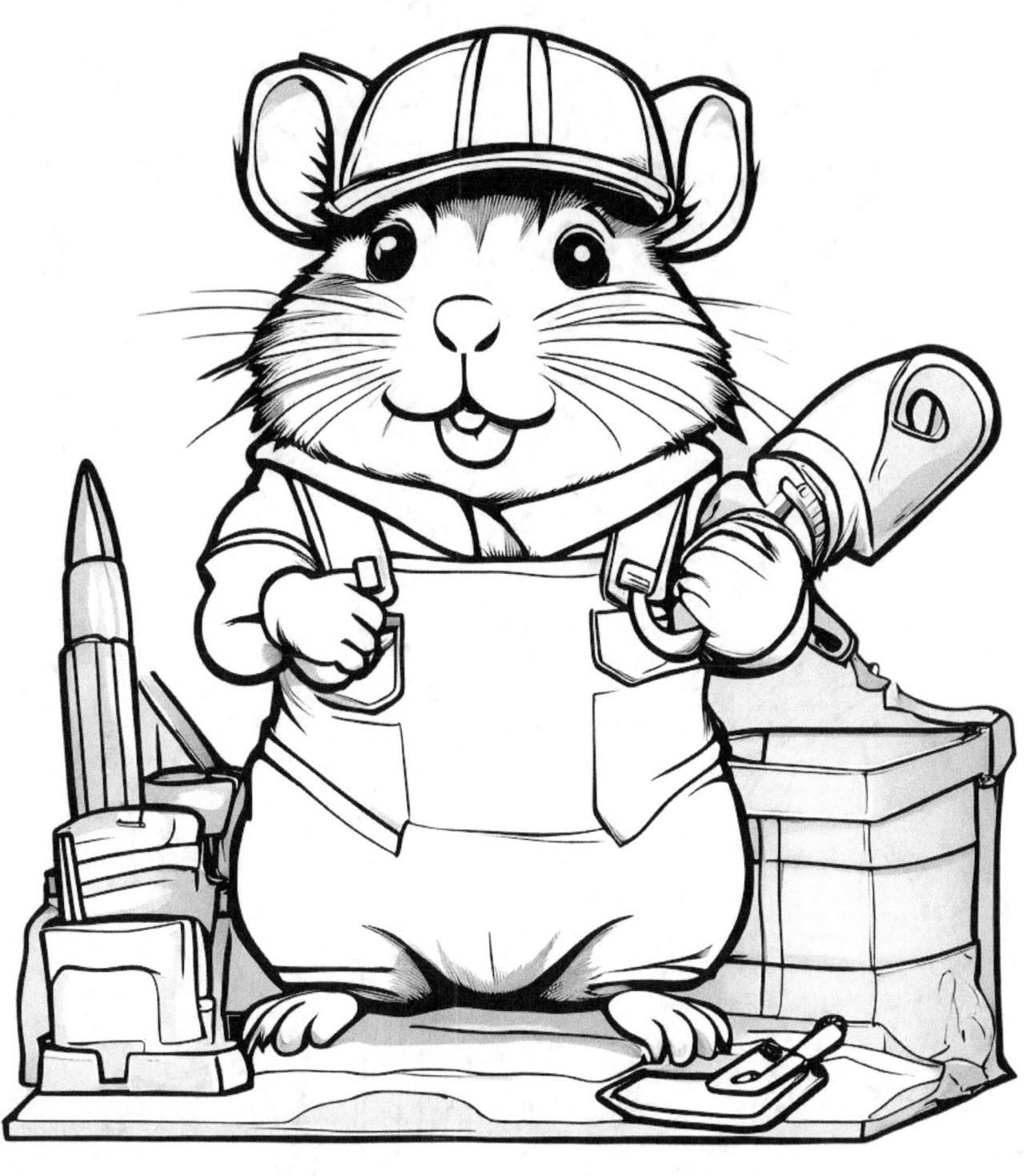

# EL LLOP ENGINYER

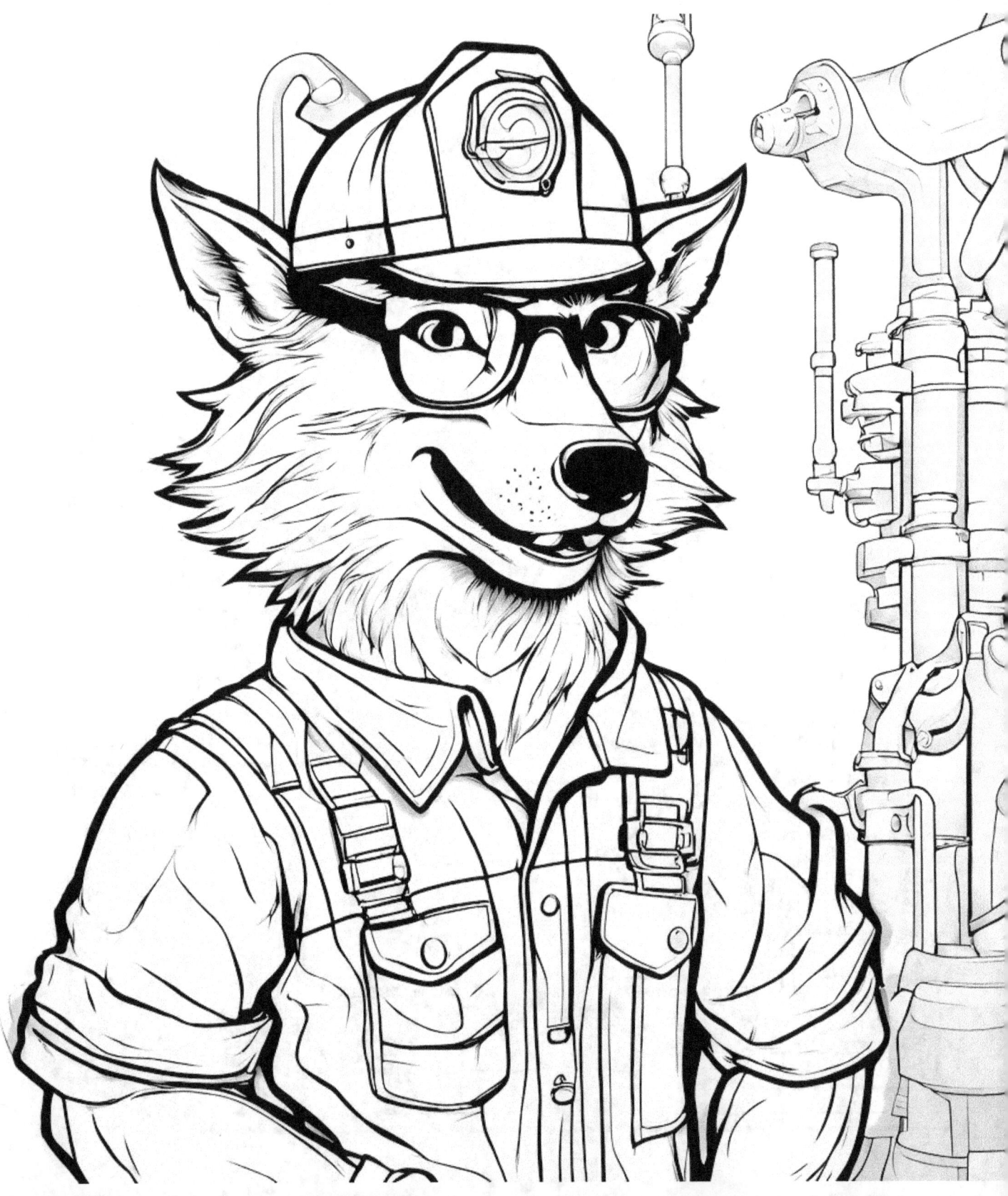

# L'OVELLA GRANGERA

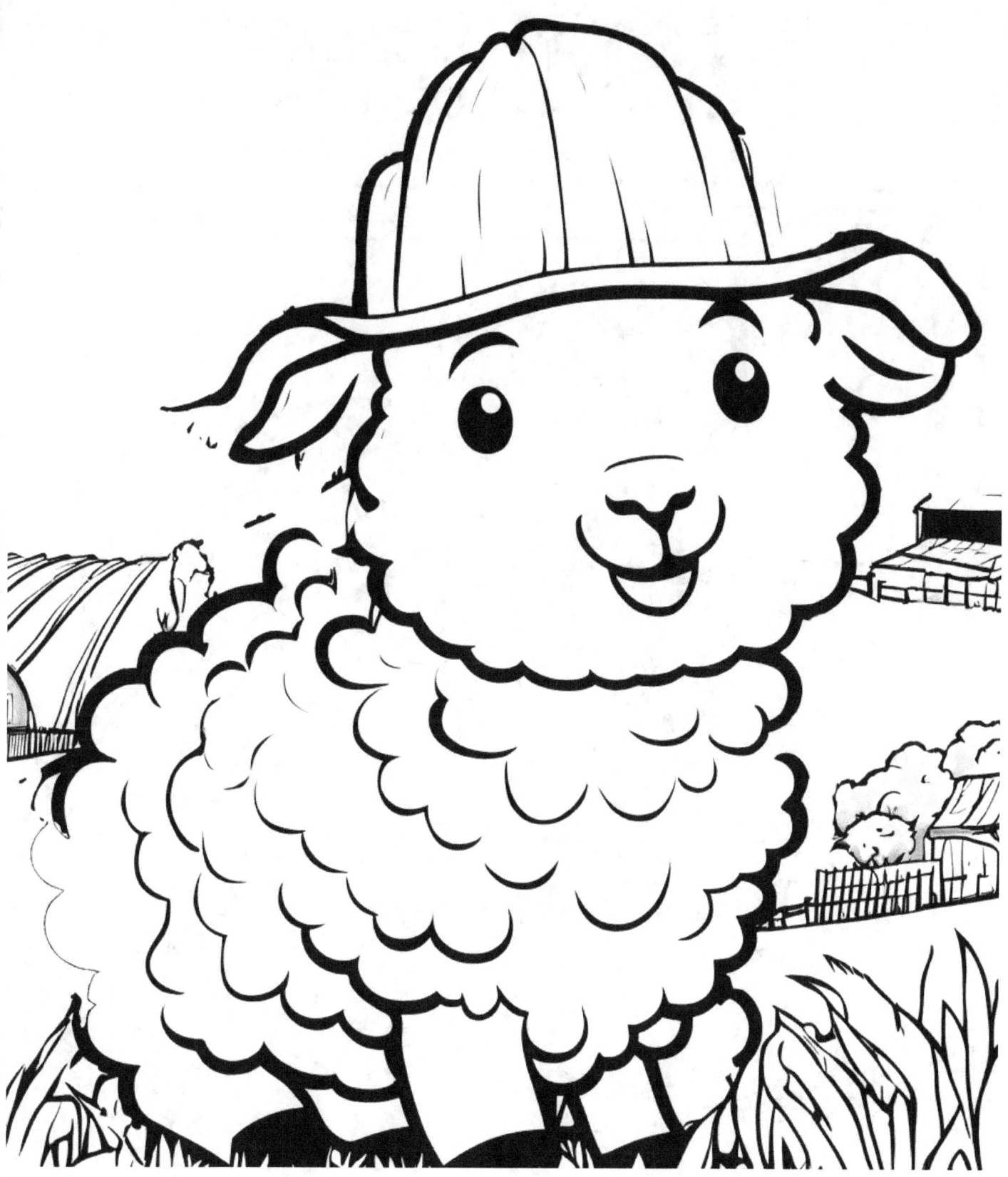

# LA TORTUGA OFICINISTA

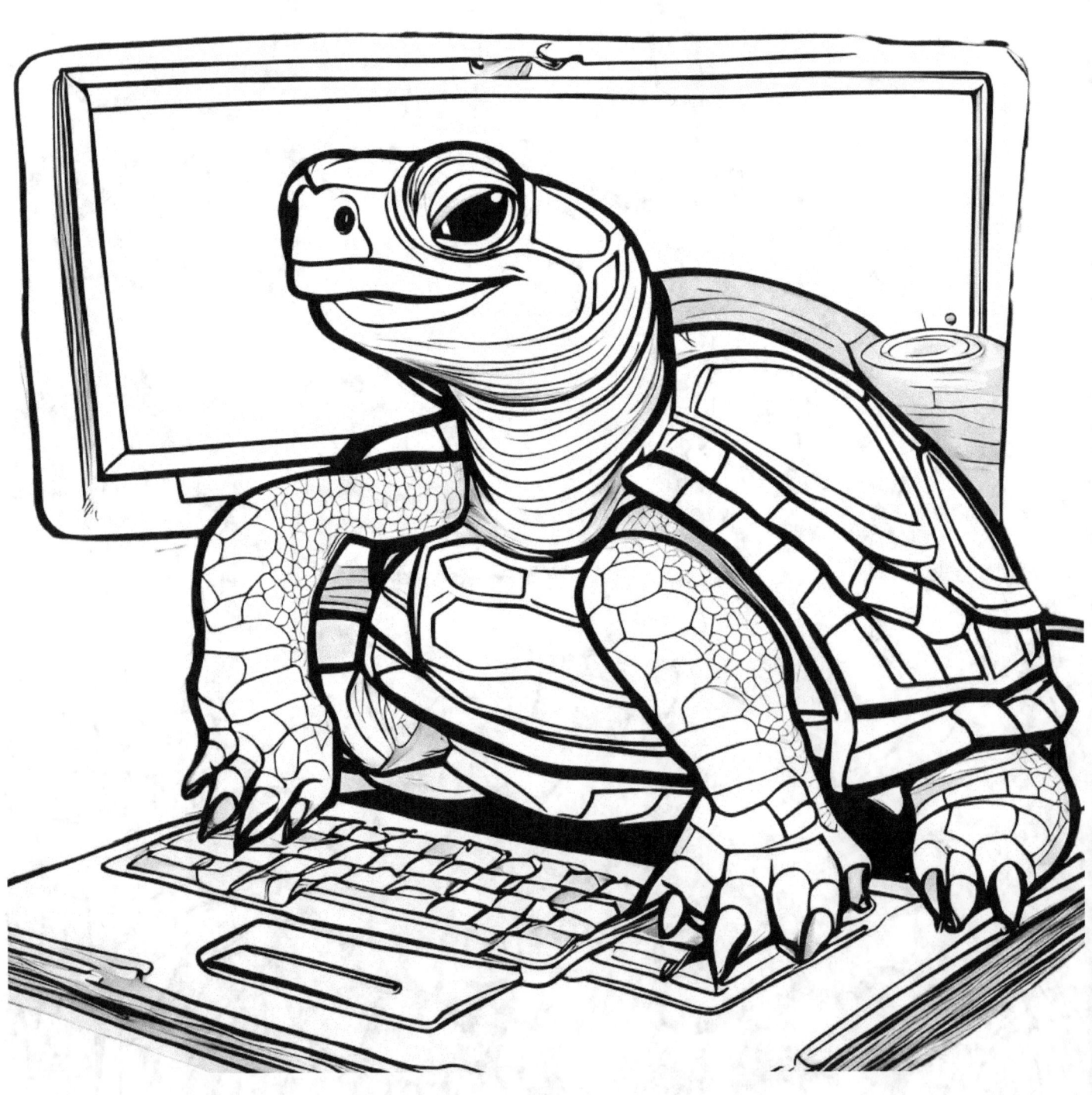

# LA RATOLINA COSIDORA

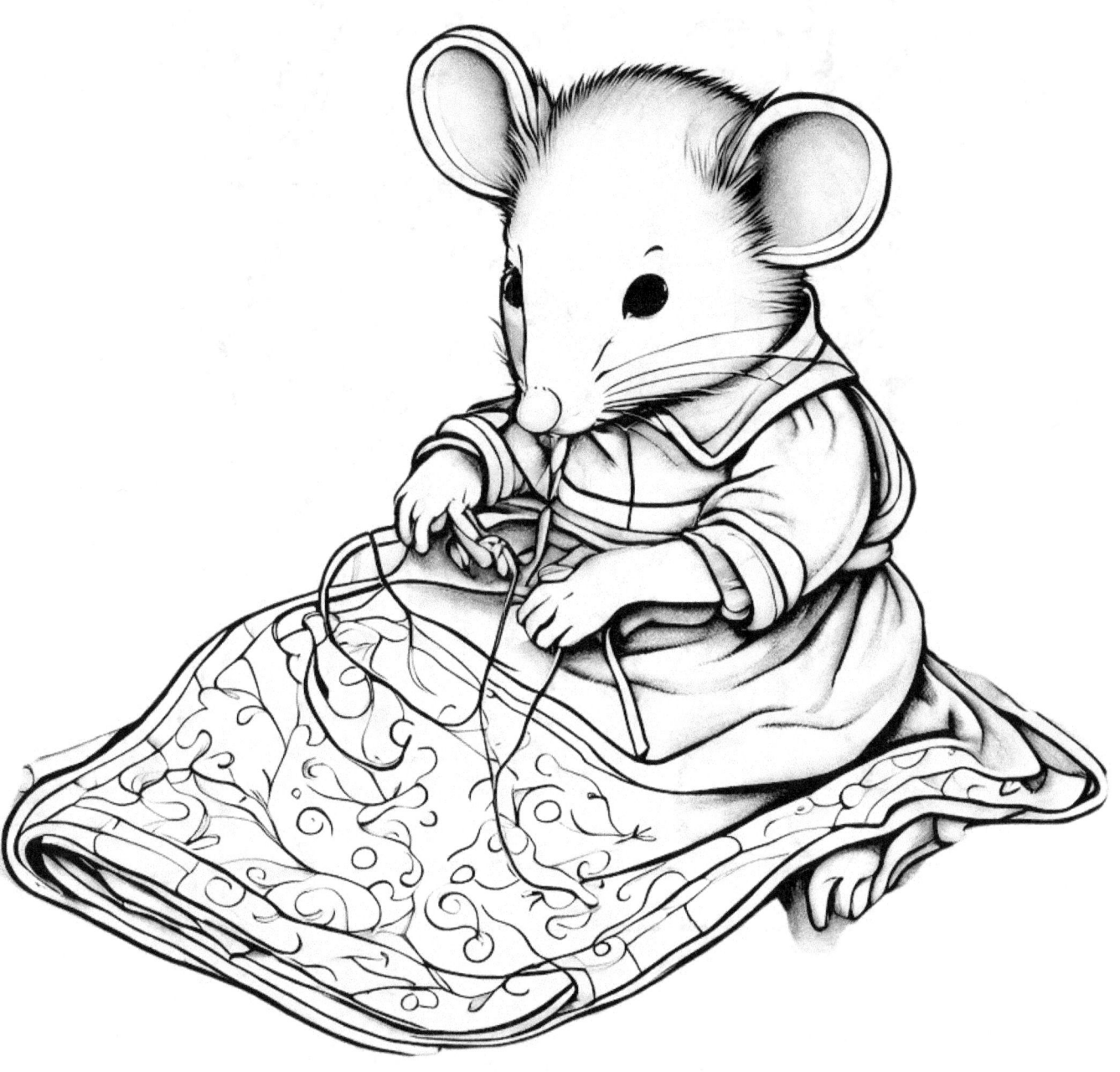

# EL TIGRE ADVOCAT

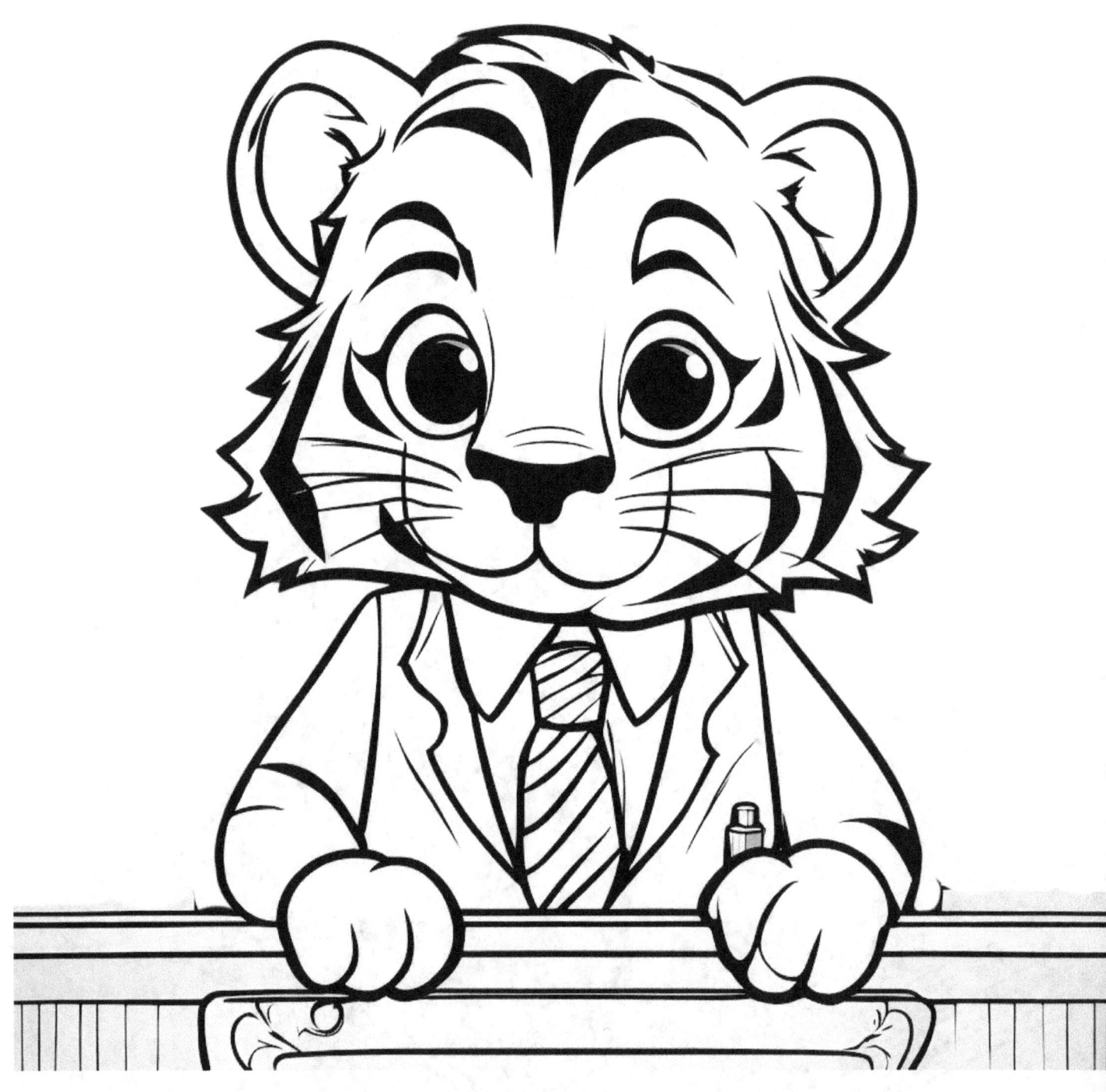

# EL HÀMSTER MAG

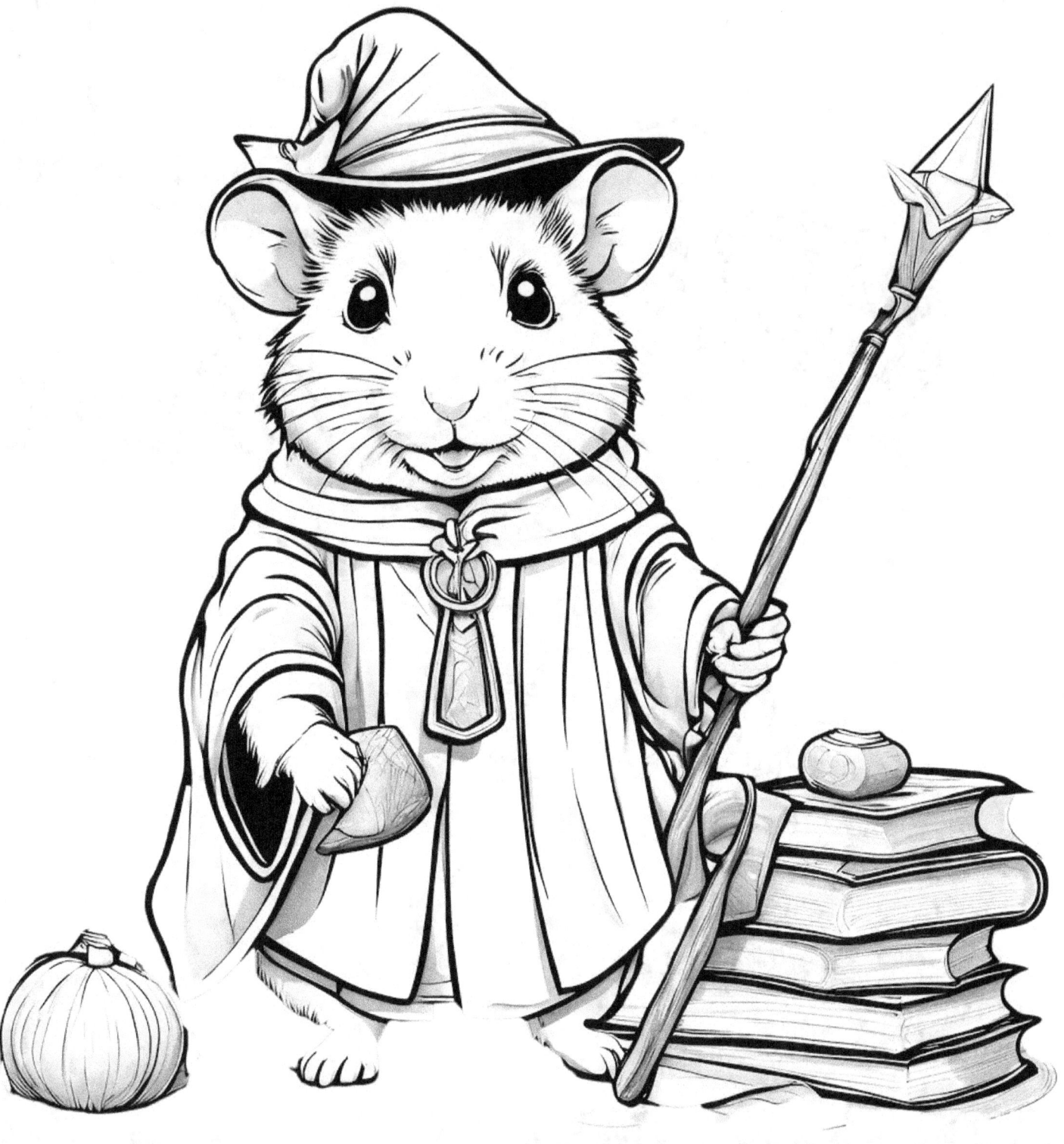

# EL GAT PILOT

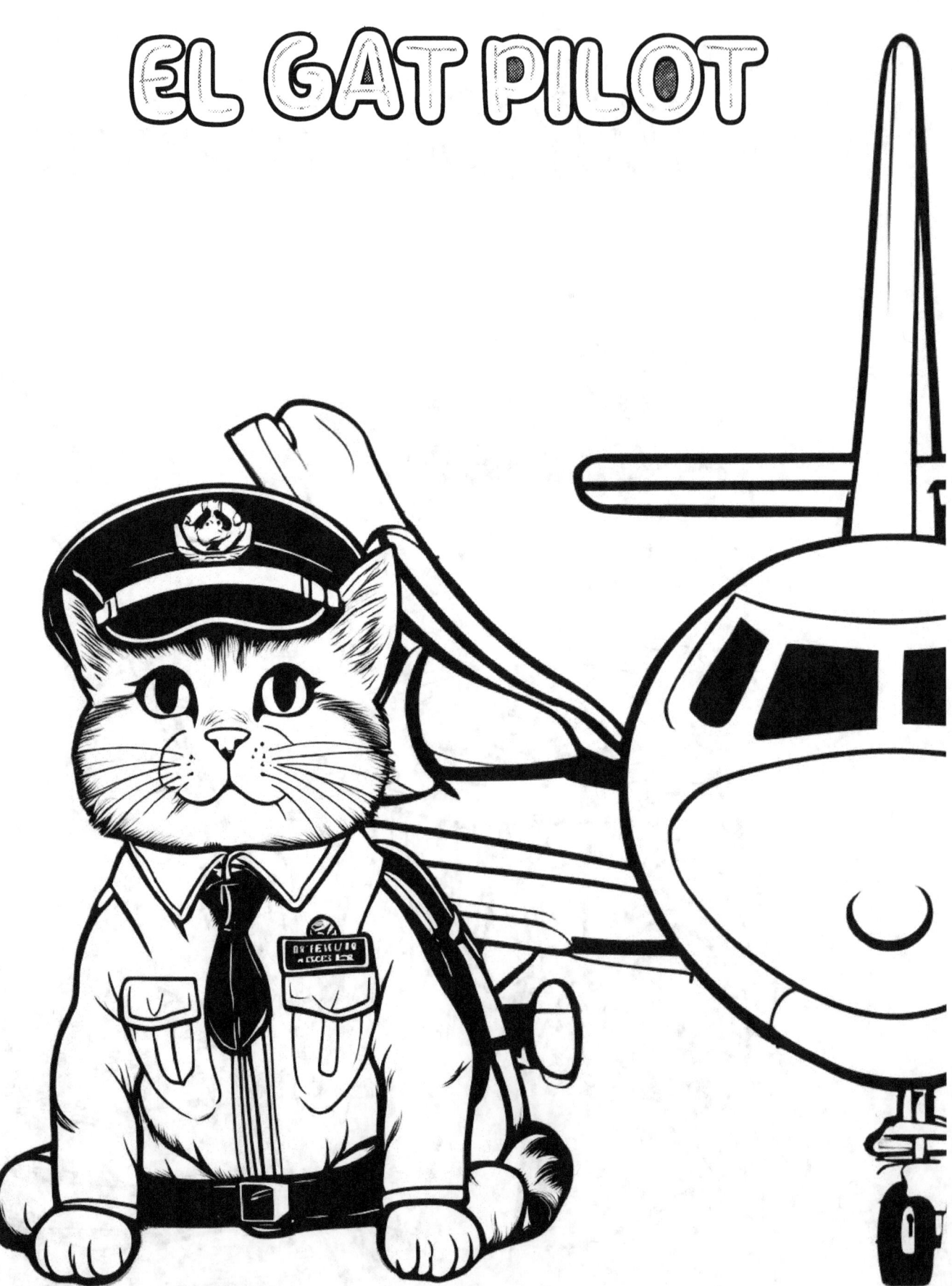

# EL MONO PERRUQUER

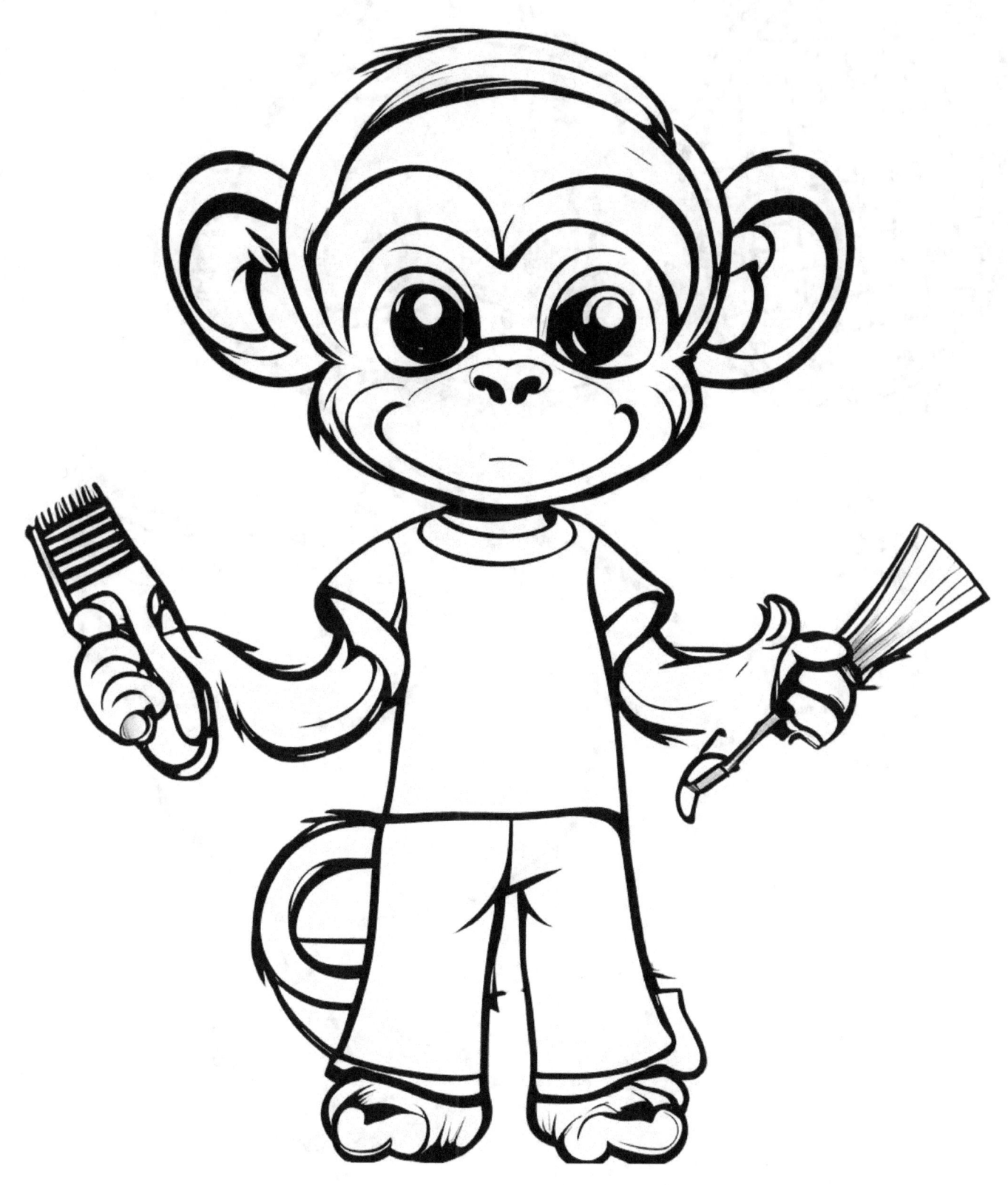

# L'ÀNEC TENISTA

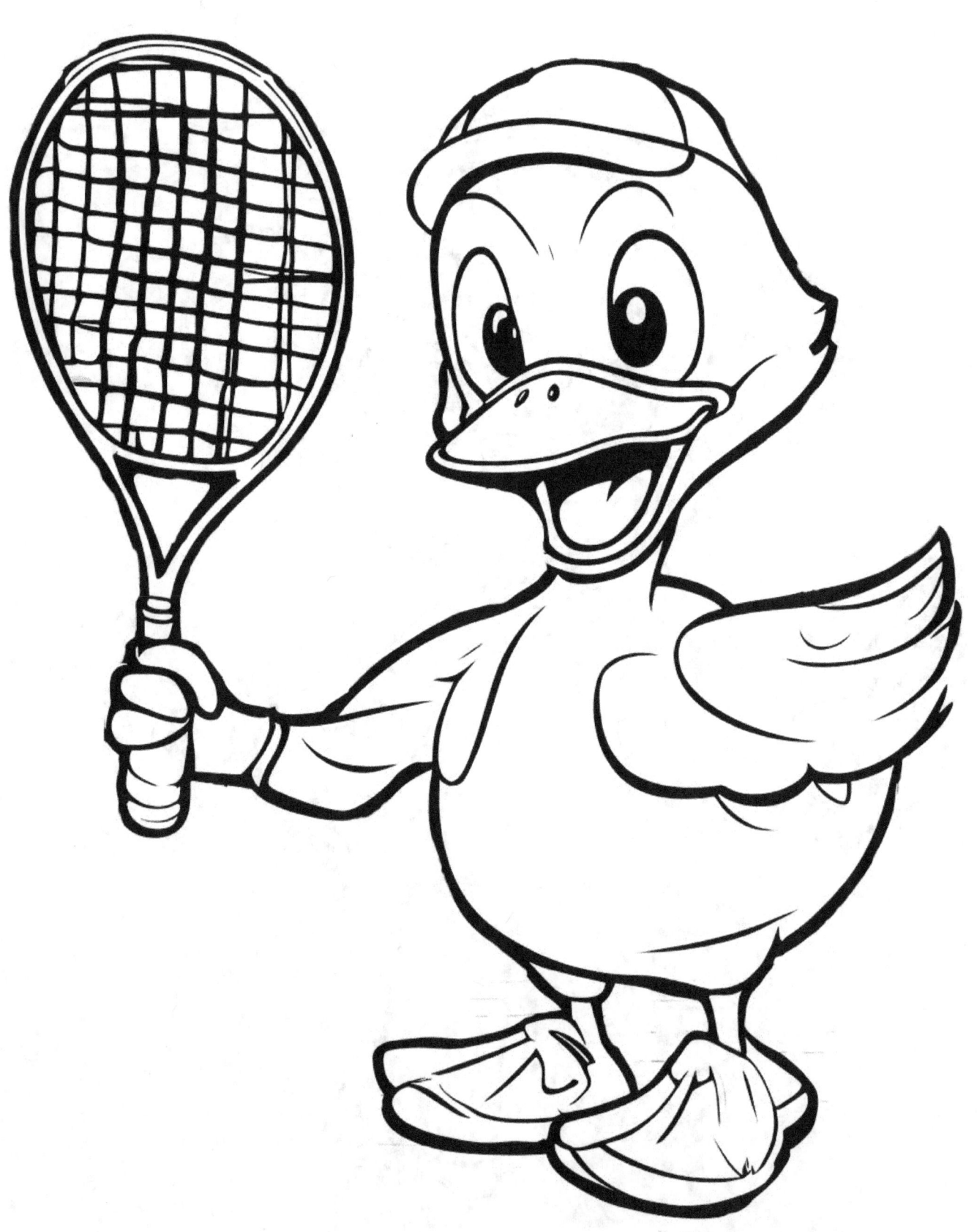

# EL GOS INFORMÀTIC

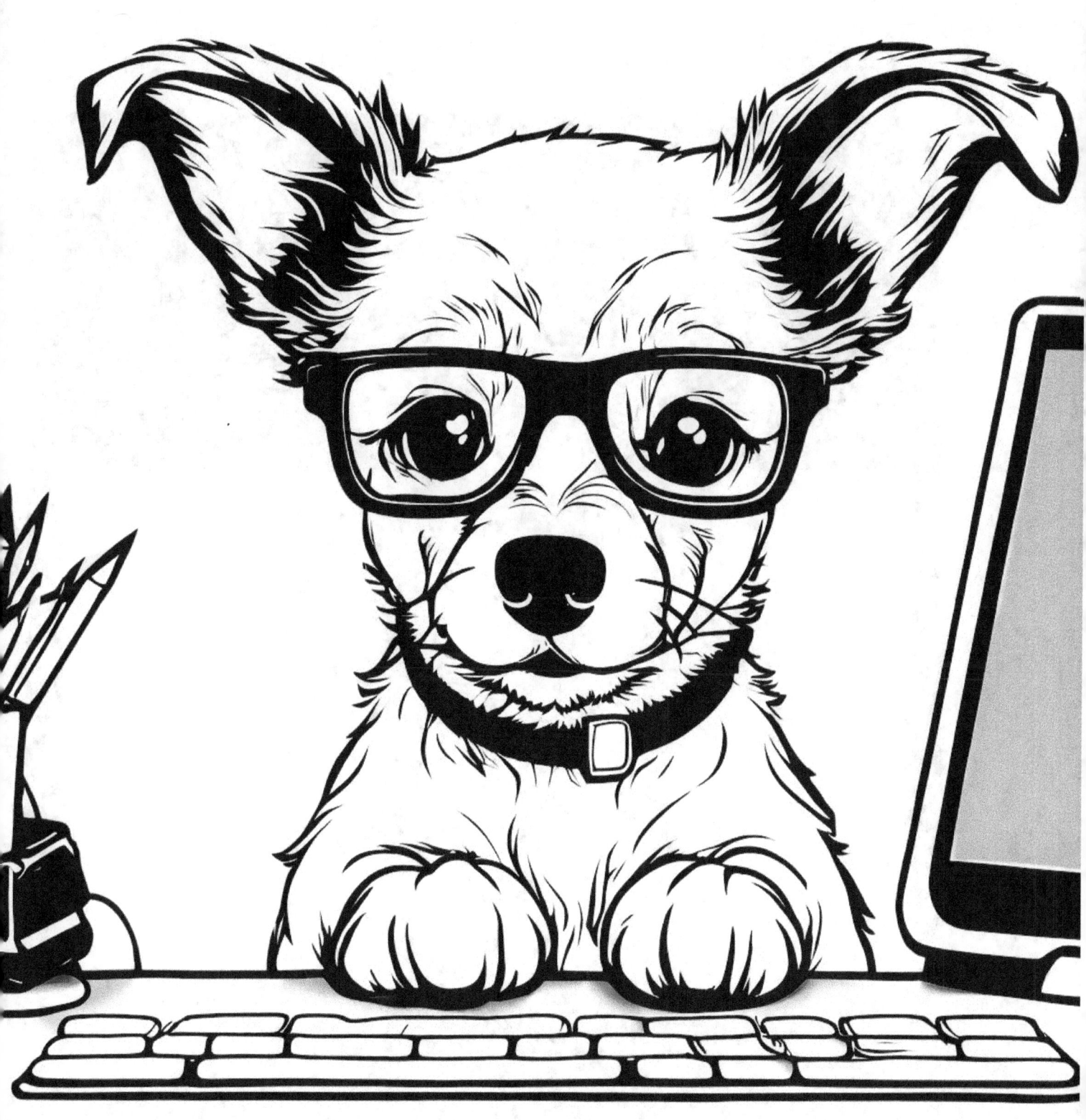

# EL TIGRE ATLETA

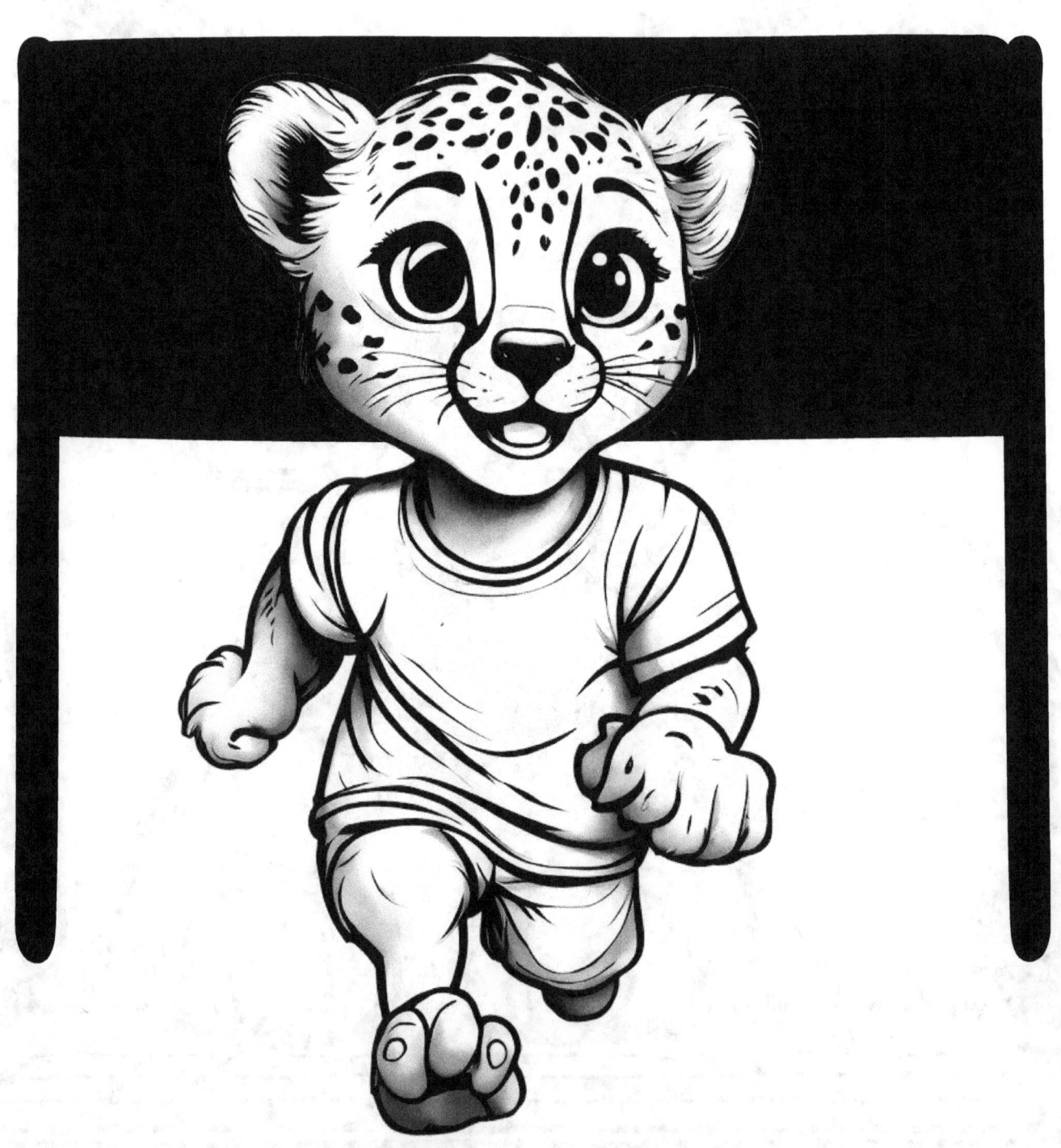

www.ingramcontent.com/pod-product-compliance
Lightning Source LLC
Chambersburg PA
CBHW082124220526
45472CB00009B/2286